Unsere Kinderbuch-Klassiker

Band 11

Unsere Kinderbuch-Klassiker
herausgegeben von Elmar Faber und Konrad Reich

DIE REISE NACH SUNDEVIT

BENNO PLUDRA

MIT ILLUSTRATIONEN VON
HANS BALTZER

OSTDEUTSCHE ZEITUNGSVERLAGE
IN KOOPERATION MIT FABER & FABER

Die Edition erscheint im Auftrag ostdeutscher Zeitungsverlage:
Dresdner Neueste Nachrichten
Freies Wort
Lausitzer Rundschau
Leipziger Volkszeitung
Märkische Allgemeine
Märkische Oderzeitung
Mitteldeutsche Zeitung
Nordkurier
Ostsee-Zeitung
Ostthüringer Zeitung
Sächsische Zeitung
Südthüringer Zeitung
Thüringer Allgemeine
Thüringische Landeszeitung
Volksstimme
Zeitungsverlag Schwerin

Die Erstausgabe erschien 1965 im Kinderbuchverlag Berlin
Reihengestaltung Frank Eilenberger
Layout und Herstellung atelier eilenberger, Leipzig
Druck Klingenberg Buchkunst Leipzig
Bindung Kunst- und Verlagsbuchbinderei, Leipzig
Printed in Germany
ISBN (10) 3-86730-010-0
ISBN (13) 978-3-86730-010-0

www.unsere-kinderbuch-klassiker.de

Am Fuße des Leuchtturms von Möwenort, weitab von jedem Dorf und jeder Stadt, wohnte in einem schönen alten Rohrdachhaus Timm Tammer. Er war acht Jahre alt und viel allein, besonders jetzt in den großen Ferien.

Eines Morgens, als Timm sehr früh zum Strand hinunterlief, entdeckte er fünf kleine Zelte, zwei graue und drei grüne, die Leinwand straff vom Tau der Nacht. Sie ruhten im Heideland hinter der hohen Düne, umeinandergeschart wie schlafende Küken.

Vor dem obersten Zelt steckte senkrecht im Sand ein blauer Wimpel. Sein Tuch schlug flink im Wind, und Timm hörte das hurtige Flattern winzig und fremd vor dem großen Gebrause der See.

Der Wimpel und die Zelte waren einsam, ohne Wache, keine Menschenseele war zu sehn. Ein schwarzer Kochtopf lag umgestülpt neben dem Wimpelschaft, und über den Zeltschnuren hingen in bunter Reihe Badehosen und drei, vier, fünf Badeanzüge.

Also sind auch Mädchen dabei, dachte Timm, und keine Wache. Sie schlafen die ganze Nacht und lassen alles ohne Wache. Man müsste ihnen den Wimpel rauben.

Dann sah Timm sich um, rundherum, und erschrak ein bisschen. Zehn Schritte hinter ihm stand ein Junge, stand dort ganz stumm und

blickte aufmerksam herüber. Jetzt kam er näher, und Timm ließ ihn kommen, rührte sich nicht von der Stelle.

Der Junge war lang und dünn und hatte kohlschwarzes Haar bis in die Stirn. Er war größer als Timm und älter als Timm, so ungefähr elf bis zwölf Jahre alt. Vor Timm blieb er stehen und sagte: „Na?“

Timm sagte ebenfalls: „Na?“, und der Junge fing an zu lächeln, betrachtete ihn von Kopf bis Fuß und fragte: „Wolltest du was Bestimmtes?“

„Ja“, sagte Timm. „Den Wimpel rauben.“

„Soso“, sagte der Junge und lächelte weiter. „So siehst du aus.“

„Wann seid ihr gekommen?“, fragte Timm. „Ich wohne dort drüben. Mein Vater ist auf dem Leuchtturm.“

„Leuchtturmwärter?“ Der Junge hob überrascht den Kopf, und beide blickten jetzt nach Süden zu der flachen Hügelkuppe, wo in einiger Ferne der Leuchtturm stand, grau und massig, mit einem roten Ring um den Bauch und einer weißen Kappe auf dem Kopf.

„Es sind hundertdreizehn Stufen bis ganz oben“, sagte Timm.

„Steigst du da immer mit rauf?“

„Manchmal. Mit der Zeit wird’s langweilig.“

„Aber die Aussicht“, sagte der Junge.

„Jaja, die ist gut.“ Timm setzte sich ins dürre Gras. „Die Aussicht ist gut. Mit dem Fernglas guckt man sonst wie weit.“ Dann fragte er: „Wie lange wollt ihr denn hierbleiben?“

„Hier, wo wir sind? Gar nicht lange. Bis zum Mittag vielleicht.“

„Ach –“, sagte Timm, strich mit der Hand übers Gras und wurde mit einem Mal traurig. Der Junge mit dem kohlschwarzen Haar gefiel ihm, und in den Zelten lagen noch mindestens zwanzig, und es hätte eine lustige Zeit werden können, hier am Meer, unter dem Leuchtturm, wo

die Tage für Timm oft lang und einsam waren. Aber nun, zu früh gefreut. Schon Mittag würde kein Zelt mehr stehen.
„Warum habt ihr's denn so eilig?", fragte Timm.
„Wir haben 'ne Menge vor", sagte der Junge. „Wir müssen heute noch mit der Fähre über den Strom. Morgen früh, ganz früh, geht unser Schiff. Nach Sundevit."
„Sundevit", sagte Timm, leise und beinah andächtig. „Sundevit ist weit. Da könnt ihr euch freun."
Er hatte einen kugelrunden Kopf mit einer kleinen geraden Nase und großen grauen Augen. Den Kopf gesenkt, blickte er nun vor sich hin, und je länger er so saß und nachdachte, desto trauriger wurde ihm zu-

mute und desto mehr beneidete er den Jungen und mit ihm alle, die in den kleinen Zelten schliefen.

„Aber wie du hier lebst“, sagte der Junge, „das möchte ich auch mal. Wie Robinson. Ich würde mir ’ne Hütte baun und Fische braten und Muscheln essen.“

„Ja“, sagte Timm, „jaja, das kann man tun.“

„Und ein Floß, das müsste man auch haben.“

„Lieber ein Boot“, sagte Timm. „Was willst du mit einem Floß in der See?“

Sie schwiegen, dann fragte der Junge: „Lebst du immer hier, das ganze Jahr?“

Timm nickte.

„Und Schule?"

„In Trempin", sagte Timm, „neun Kilometer. Das ist nicht weit. Bloß in den Ferien ist niemand richtig da. Alle wohnen verstreut."

Der Junge sah Timm nachdenklich an. „Dauernd alleine, das macht keinen Spaß. Geht ihr nicht auf Fahrt?"

„Doch", sagte Timm. „Bloß, ich habe noch nicht das Alter. Zehn Jahre."

„Ach so." Der Junge fing wieder an zu lächeln. „Da hast du Pech. Musst noch ein bisschen wachsen."

Timm erwiderte nichts.

So hockten sie wortlos nebeneinander und lauschten dem Rauschen der See. Das dürre Gras flirrte im Wind, und die Sonne stieg blank

in den Himmel, strahlte und wärmte, als wollte sie diesem Tag besonders viel Gutes tun.

In Timm erwachte Sehnsucht. Er war nicht gern allein, die vielen Wochen, solange die Ferien dauerten. Er liebte Vater und Mutter, das Meer, den Leuchtturm und die Möwen, er liebte alles, was ihn hier draußen umgab, nur das Alleinsein liebte Timm nicht.

„Wie heißt du eigentlich?“, fragte er den Jungen. „Ich heiße Timm.“

„Ich heiße Hermann.“

Sie gaben sich die Hand, und Timm wurde gleich ein bisschen fröhlicher. Er vergaß seine trüben Gedanken und dass er zu Mittag schon wieder allein sein würde.

Hermann stand auf. „Ich gehe wecken. Gehst du mit?“

Sie traten von einem Zelt zum andern, lösten die Verschnürungen und schlugen die Plane zurück. Und jedesmal rief Hermann: „Aufstehn, aufstehn! Raus aus den Federn!“

In den Zelten war es dämmerig und warm, und Timm fand es sehr gemütlich. In jedem lagen vier oder fünf Schläfer, warm und trocken auf schwellenden Luftmatratzen. Die Schläfer kamen langsam zu sich, streckten die Arme, neben sich die Köpfe, kniffen die Augen auf und zu. Manche lagen ganz still und mussten sich erst besinnen, wo sie waren.

Aus dem Zelt, wo der Wimpel stand, kam ein Athlet gekrochen, und aus dem Zelt mit den Badeanzügen kamen fünf Mädchen. Sie standen ein bisschen verschlafen da und guckten nach dem Wetter. Der Athlet war ein Meter achtzig groß, bronzebraun und blond, das Haar ganz kurz.

„Das ist Addi“, sagte Hermann zu Timm, „unser Gruppenleiter. Elfte Klasse. Sport und Mathe Meister. Wie findest du ihn? Gut? Ich finde ihn gut.“

Timm sah zu, wie sich Addi die Trainingsjacke über den Kopf zog. Unter der glatten Haut spielten die Muskeln. Timm bewunderte Addi. Er sagte zu Hermann: „Ich finde ihn auch gut.“

Inzwischen hatten sich alle Jungen und Mädchen vor den Zelten versammelt. Es waren genau achtzehn. Sie freuten sich über die Sonne und riefen immer wieder: „Morgen, Leute, guckt mal den Himmel an, ganz blau.“

Timm stand stumm dabei. Er lächelte, ohne es zu wissen, bis er merkte, dass ihn die ganze Truppe neugierig anstarrte. Ein Mädchen sagte: „Der sieht ja so echt aus. Ist er von hier?“

Alle hörten es, und Timm sah sich umgeben von lauter lustigen Gesichtern. Er wurde rot, aber weil er so braun war, brauner noch als

Addi, merkte das keiner. Eine Weile verging. Timm drehte verlegen den Hals in seinem dicken, weichen, grobgestrickten Pullover. Er war barfuß in engen blauen Leinenhosen, die er bis zu den Waden aufgekrempelt hatte.

„Ihr guckt wie auf dem Jahrmarkt“, sagte Hermann. „Das ist Timm vom Leuchtturm.“

„Vom Leuchtturm. Oha!“

Nun wurden sie alle erst richtig neugierig, drängten sich um Timm, lärmten wie hundert Spatzen und fragten drauflos, was ihnen durch die Köpfe schoss.

„Wo wohnt man im Leuchtturm, unten oder oben?“

„Kann man da nicht mal rauf?“

„Und im Winter, was machst du im Winter?“

„Scheint der Leuchtturm weit?“

„Und wenn er mal ausgeht?“

„Stimmt das, die Leuchtturmwärter haben weiße Bärte und werden hundert Jahre alt?“

Hinter den Kindern stand Addi. Er zwinkerte Timm zu, aber Timm sagte ernsthaft: „Mein Vater hat keinen Bart, und ein Leuchtturm geht von selber nicht aus, und im Winter zieh ich mich warm an. Was sonst?“

„Aber bei Sturm, was kann da alles passieren?“

„Dies und das“, sagte Timm. „Zum Beispiel, ein Schiff geht auf Strand.“

„Was ist das?“, fragten zwei Jungen zugleich.

„Das Schiff setzt sich auf Grund. Ihr könnt aussteigen, ohne nass zu werden, wenn ihr Glück habt. Kann aber auch sein, ihr müsst schwimmen. Das hat dann gar nicht erst Zweck. Die See ist zu hoch, man stirbt den Seemannstod.“

Ein Mädchen mit winzigen blonden Löckchen legte entsetzt die Finger vor den Mund. Alle waren still und betrachteten Timm.

Einige überlegten, wieweit sie ihm glauben konnten, die meisten aber schenkten ihm Bewunderung, weil er mit dem Meer und den Stürmen aufgewachsen war.

In die Stille sagte auf einmal Hermann: „Könnten wir ihn nicht mitnehmen? Ich meine Timm, den könnten wir doch eigentlich mitnehmen."

Erst dachte Timm, er hätte sich verhört, aber Hermann guckte ihn ruhig und heiter an, und weil alle fragend schwiegen, sagte Hermann: „Timm ist ganz alleine hier. Er würde gerne wandern, so wie wir. Nicht wahr, würdest du doch, Timm?"

Timm schaute reihum und nickte eifrig.

„Seht ihr", sagte Hermann. „Da könnten wir ihn doch mitnehmen. Warum soll denn das nicht gehn, dass wir ihn mitnehmen?"

Er blickte jetzt zu Addi, und alle andern blickten ebenfalls zu Addi, auch Timm.

Warum sollte es nicht gehn, dass sie ihn mitnehmen?

Für Addi aber war die Sache nicht so einfach. Er dachte an seine Verantwortung. Timm war ein wildfremder Junge. Addi kannte ihn keine fünf Minuten, wusste rein gar nichts über ihn, nur dass er hier lebte und allein war. Reichte das aus, um ihn mitzunehmen?

Addi sah in die wartenden Gesichter. Er hätte antworten können: Es gibt Vorschriften, Pioniere. Ich würde den Timm gerne mitnehmen, aber die Vorschriften ... Gewiss wäre dies die einfachste Antwort gewesen. Doch die einfachste Antwort ist nicht immer die beste.

Timm, Hermann, die ganze Gruppe, alle blickten unverwandt zu Addi, und den meisten wurde langsam der Nacken steif. In Timm

aber sank die Hoffnung, die ihn eben noch emporgetragen hatte; er blickte von Addi weg und dachte: Wieder mal zu früh gefreut.

Da sagte Hermann: „Was ist denn nun, Addi."

Und ein Junge, den sie Biber nannten, sagte: „Da hätten wir gleich einen, der hier oben alles kennt."

Und das Mädchen mit den winzigen blonden Löckchen sagte: „Wenn er dir vielleicht zu klein ist, Addi, wir kümmern uns um ihn."

Das hörte Timm nun gar nicht gern, von wegen zu klein und so. Er wollte widersprechen, aber jetzt fing Addi an: „Ihr stellt euch das so

einfach vor, wisst ihr. Timm kommt mit und fertig. Ich habe noch nie gehört, dass so was schon irgendwo gemacht worden wäre. Aber vielleicht, wie die Sache hier liegt, könnte man es sich mal überlegen …“

Dann musste Addi schweigen, weil die Gruppe wie beim Wettkampf losschrie und ein halb Dutzend Hände an Timm herumzerrten, denn natürlich sollte er in allen fünf Zelten zugleich schlafen.

Addi rief: „Ruhe!“, und nachdem Ruhe eingetreten war, musterte er Timm, lange und gründlich, legte den Kopf schräg und meinte: „Ein

bisschen klein, findet ihr nicht auch, dass er vielleicht ein bisschen zu klein ist?"

„Weil du so groß bist, Addi", sagte Hermann.

„Und die Erlaubnis der Eltern?"

„Wir können sie ja gleich holen", sagte Hermann.

„Ich seh schon", rief Addi, „wir kriegen einen Mann dazu. Würdest du dich denn freuen, Timm?"

Nun blickten sie alle erwartungsvoll auf Timm, als hätte ihm jeder persönlich etwas Gutes gebracht und wollte sich freuen an der Freude von Timm. Niemand sprach ein Wort, nur der Wind war zu hören und das Brausen der See und ganz nah das lustige Flattern des blauen Wimpels.

Timm wollte reden, konnte aber nicht. Das Glück saß in seiner Kehle, drückte und schwoll, kein Wort brachte Timm hervor, und plötzlich schoss ihm vor lauter Glück das Wasser in die Augen.

Er schrie: „Ich geh fragen, ich sage Bescheid!" und rannte davon – rannte, rannte, rannte: durch das Gras der Heide, durch den Sand der Düne und über die flachen Hügel hinweg.

Der Vater sah ihn kommen.

Er hatte gerade den Leuchtturm verlassen, stand nun vor Timm in seiner dunkelblauen Jacke, die weiße Schiffermütze in die Stirn gesetzt,

ein Mann von einundvierzig Jahren, nicht groß, aber auch nicht klein und ziemlich kräftig. Der Vater war müde nach der durchwachten Nacht, und er wäre wohl lieber ins Haus gegangen, um sich zu waschen, um zu essen und zu schlafen. Aber Timm war mit Reiseplänen gekommen.

„Sie wollen über den Strom und dann mit dem Dampfer durch den Sund und dann immer weiter. Bis nach Kap Sundevit!“ Timm wiederholte: „Sundevit. Eine richtige Reise. Und ich soll mit. Sie haben gesagt, sie nehmen mich mit.“ Timm verstummte, er lächelte, und sein Gesicht war atemlos, auf den Vater gerichtet. Doch der Vater wusste mit Timms Begeisterung nicht viel anzufangen. Er fragte verwundert: „Geht denn das, dich einfach mitzunehmen?“

„Na, du siehst doch“, sagte Timm.

„Aber sie kennen dich gar nicht“, sagte der Vater.

„Ich war doch eben dort!“, rief Timm.

„Und nun gleich mit auf Reise?“ Der Vater ließ ein Lächeln sehen. Sein Blick blieb ruhen auf Timm. Sein schmales Gesicht war freundlich, aber voller Zweifel. „So mir nichts, dir nichts sollst du mit auf Reise?“

„Weil ich alleine bin“, sagte Timm.

„Weil du allein bist?“, fragte der Vater. „Fühlst du dich denn allein?“ Ein Weilchen schaute er stumm auf Timm, grad so, als sähe er ihn zum erstenmal. „Mutter ist hier, ich bin hier, das Meer, der Strand, der Turm –“

„Aber nun kann ich mit auf Fahrt“, sagte Timm.

„So, ja, das hat natürlich etwas für sich. Der Vater rieb sein unrasiertes Kinn. Er wandte sich zur Seite und drückte die eiserne Leuchtturmtür ins Schloss, stemmte ein Knie dagegen und drehte den Schlüssel zweimal nach links. Dann wog er den Schlüssel auf der Hand und sagte: „Wir wollen erst hören, was Mutter dazu meint.“

„Und du?“, fragte Timm.

„Ich?“

„Lässt du mich mit?“

Der Vater schob an seiner Mütze, betrachtete Timm und lachte ein bisschen; denn gleich auf der Stelle wollte er sich nicht entscheiden. Timm aber gab nicht nach. Er fragte noch einmal, hastig und hoffend: „Lässt du mich mit?“

Der Vater schob wieder an seiner Mütze. „Am besten, man würde zunächst einmal hingehn und sich alles besehn, die Kinder und so. Nicht wahr?“

„Und dann?“, fragte Timm.

„Und dann?“ Der Vater überlegte. Er war ein bedachtsamer Mann, er sprach kein Wort zu viel und keins zu wenig, und was er aussprach, hatte seine Gültigkeit. Immer noch überlegend, sagte der Vater zu Timm: „Wenn die Sache ihre Ordnung hat, warum sollst du dann nicht mit?“

Als Timm dies hörte, fingen ihm die Ohren an zu singen. Er holte tief Luft, er stand ganz still und lauschte dem Freudengalopp seines Herzens. Auf einmal preschte er los, Arme und Beine zappelnd in der Luft, rannte und sprang wie ein Böckchen im März. War so viel Glück noch zu ertragen?

Der Vater hatte seinen Spaß an Timm. Mit weiten Schritten lief er den schmalen Sandweg hinab, der vom Leuchtturm zum schilfgedeckten Wohnhaus führte. Links und rechts des Weges wuchsen Seedornbü-

sche, dazwischen ein paar dürre Kiefern, die dem Seewind trotzten.
Das Wohnhaus lag vor den ärgsten Winden geschützt. Es hatte vier Fenster nach Süden und einen bunten Blumengarten.
Die Wände unter dem dicken Schilfdach leuchteten weiß.
Der Flur roch kühl nach Äpfeln und altem Truhenholz.
In der Küche war der Frühstückstisch gedeckt: Für jeden ein gekochtes Ei und in blauglasierten Steingutschalen Butter, Marmelade und Honig. Für den Vater ein Kanten Speck, denn er aß morgens gern kräftig.
Die Mutter räumte im Küchenspind. Ihr dunkles Haar war sauber aufgesteckt, ihre blaue Schürze war glatt, in den Händen hielt sie drei Kaffeetassen übereinander. So hörte sich die Mutter nun an, was Timm und der Vater zu erzählen hatten. Und nicht minder verwundert als

vorhin der Vater, fragte sie: „Kinder mit Zelten? Und Timm soll mit? Ist so etwas überhaupt möglich, also erlaubt?“ Und gleich darauf weiter: „Nach Sundevit? Ist das nicht ein bisschen weit? Und Timm, ist er nicht ein bisschen zu klein? Und die Kinder, sind sie nicht ein bisschen zu groß? Oder zu fremd? Und überhaupt, und überhaupt …“
Timm hörte zu, allmählich ratlos vor diesem Berg aus besorgten Gedanken. Er hörte die freundliche, helle, immer ein wenig zu schnelle Stimme der Mutter, und immer häufiger blickte er hilfesuchend zum Vater. Doch der Vater blieb stumm wie Timm. Er war ans Küchenspind getreten und leerte die Taschen seiner Jacke aus: Tabaksbeutel, Pfeifchen, Perlmuttmesser – alles fein säuberlich nebeneinander, wie

er es jeden Morgen tat –, und man konnte glauben, er höre der Mutter gar nicht zu. Bis sie ihn fragte: „Meinst du nicht auch, dass Timm für solch eine Fahrt noch zu klein ist?"

Jetzt drehte der Vater den Kopf. „Zu klein? Er ist doch kräftig. Und gesund. Ich meine, er könnte ruhig mit."

Die Mutter erwiderte hierauf nichts. Sie musterte mehrmals Timm, halb von der Seite und prüfend. Noch war nichts entschieden. Die Mutter mit ihrer Liebe machte sich dauernd Sorgen um Timm, wollte ihn immer kleiner haben, als er in Wirklichkeit war.

Sie sagte schließlich: „Ich bin ja im Grunde gar nicht dagegen. Aber man macht sich doch Gedanken. Und wenn er schon mit soll, möchte ich die Kinder vorher wenigstens sehen."

„Natürlich", sagte der Vater. „Nachher gleich gehen wir hin." Er wandte sich um nach Timm, lächelte ihm zu, und Timm, der vielleicht schon hatte bangen wollen um die Reise, fühlte die Freude wiederkehren, prickelnd vom Kopf bis in den Zeh.

Dem Vater schwand indessen das Lächeln. Er stutzte, als fiele ihm plötzlich etwas ein, griff in die linke Innentasche seiner Jacke und brachte ein schwarzes Brillenfutteral hervor. „Das hätte ich beinah vergessen."
Timm und die Mutter blickten auf das schwarze zerdrückte Futteral, Timm ohne Neugier, denn er war mit seiner Freude beschäftigt. Die Mutter aber fragte: „Wem gehört es denn?"
„Na wem wohl? Ratet mal."
Die Brille im Futteral war alt und verbogen, aus Nickeldraht, mit runden Gläsern. Der Vater zeigte sie auf der flachen Hand. Nun guckte auch Timm mit langem Hals. Er kannte die Brille gut, er hätte sie unter hundert anderen Brillen herausgekannt.
„Sie lag drüben im Motorenraum", sagte der Vater. „Heinrich Bradenkuhl, nicht wahr. Was machen wir damit? Ich meine, wenn Timm auf Reisen geht –"
Timm hörte seinen Namen und erschrak. Er schaute den Vater unruhig an. Was würde folgen?
Es folgte nichts. Der Vater schwieg und dachte nach. Timm tat das Gleiche, schwieg und dachte nach.
Dieser Heinrich Bradenkuhl!
Wer sollte ihm die Brille bringen?
Der Weg nach Trempin war weit. Neun Kilometer hin, neun Kilometer zurück. Und an der hohen Düne warteten die Zelte.
Dieser Heinrich Bradenkuhl!
Aber wer sollte ihm die Brille bringen?
Timm fragte leise: „Braucht er sie?"
„Gewiss", sagte der Vater, „gewiss. Er kann nicht richtig arbeiten ohne seine Brille. Doch er hat keine Zeit, sie selber abzuholen, heute nicht und morgen nicht."

Eine kurze Stille, dann sagte Timm: „Ich bringe sie ihm hin." Er sprach so leise wie vorhin, doch entschlossen genug und mit dem Glanz einer schnellen Freude in den Augen. Heinrich Bradenkuhl ohne seine Brille! Mit viel Arbeit und wenig Zeit! Wer konnte am besten helfen, wer, wenn nicht Timm?

Die Mutter rief aus: „Du? Nach Trempin? Ich denke, du willst mit den Kindern gehn?"

„Ich schaffe es dreimal. Ich sause."

„Und dann noch wandern?"

„Ich kann auch langsam", erwiderte Timm.

„Aber es strengt dich zu sehr an."

Und jetzt auch noch der Vater: „Du musst nicht zu Heinrich Bradenkuhl. Vielleicht ist es besser, du hörst auf Mutter. Wegen der Wanderung. Vielleicht fährst du lieber nicht nach Trempin?"

„Ich will aber", sagte Timm, so ruhig und fest, wie er nur konnte, und sein Gesicht begann zu glühen, feuerrot, denn sein Herz war erfüllt von einem großen Glück: Sundevit.

Timms Fahrrad trug die Marke *Diamant*. Der Rahmen war rotlackiert, die Speichen blitzten; an der Vordergabel wehte links ein Fuchsschwanz.

Timm fuhr schnell und ohne Atempause.

Der Weg durch die Hügel war glatt, ein helles, schwingendes Band, auf und ab und auf und ab. Dann begann das flache Land, überflutet

von Sonne, lang hingestreckt unter dem hohen Himmel. Weit in den Wiesen standen weidende Rinder.

Niemals zuvor war Timm diesen Weg mit größerer Freude gefahren. Er drückte den Oberkörper in die Höhe, spreizte die Beine und schrie:

„Kap Sundevit, Kap Sundevit!“

Der Weg wurde steinig, Schotterspitzen drohten.

Der Weg wurde sandig, und saugende Kuhlen hielten das Fahrrad fest.

Timm aber fuhr und fuhr.

In der Ferne wuchs dünn und spitz der Kirchturm von Trempin. Manchmal im Herbst und manchmal im Frühjahr hatte Timm vor Zorn hier geweint. Wenn der Westwind ihn vom Fahrrad riss, der Regen schlug und die Wolken wie schwarze Ungeheuer jagten, dann geschah es, dass Timm seinen Zorn hinausschrie und weinte.

Heute war Timm der glücklichste Mensch der Welt. Die Luft war sommerlich und leicht, erfüllt vom warmen Duft des reifen Korns. Rundköpfig grüßte das Holperpflaster. Timm nahm es freundlich hin, ohne Ärger, wenn sein Fahrrad plötzlich wie ein kleiner Esel sprang.

Auf dem letzten Wegstück begegnete ihm ein Traktor. Im Fahrerhaus hüpfte der Traktorist, und hinten auf dem Hänger hüpften die bunten Kopftücher vieler Frauen. Ein paar Kinder winkten.

„He, Timm; wo wull du henn?“

„Heute mittag geht's ab nach Sundevit!“

„Sundevit? Kap Sundevit?“

„Jawollja", schrie Timm. „Ich geh auf Fahrt!"
„Op Fohrt, op Fohrt? Na denn: goode Fohrt!"
Hände winkten, Kopftücher hüpften. Wummern des Traktors, Rasseln des Hängers, ferner und ferner alles. Timm fuhr hinein nach Trempin. Vorbei an der großen Schweinekoppel und quer durch das lange, leere, sommerstille Dorf. Am anderen Ende fuhr Timm wieder hinaus.
Wo suchte er Heinrich Bradenkuhl?

Seitab von der Straße, auf einem alten Brachfeld, lagen zwischen Queckenhalden vier flachgedeckte Hallen, nicht besonders groß. Überm Tor ein Schild: Reparaturstützpunkt Trempin.
Auf dem Hof war kein Mensch, nur Reifenspuren kreuz und quer, tief

eingewühlt und knochenhart. Timm trug sein Fahrrad darüber hinweg. Er trug es bis Halle zwo.

Der Eingang gähnte dunkel. Die Arbeitsluft drinnen war rauchig blau und schmeckte nach verbranntem Eisen. Am Ende der Halle dröhnten zwei schwere Hämmer auf Blech. Timms Ohren dröhnten mit.

Wo steckte Heinrich Bradenkuhl?

Die Halle war vollgestopft mit Maschinen.

Ganz vorn hing ein Traktor an Ketten, das Vorderteil hoch wie ein Zirkuspferd. Halb unter dem Traktor hockte ein Mann mit ölgeschwärzten Händen. Timm wollte nach Heinrich Bradenkuhl fragen, doch er hatte noch nicht den Mund aufgetan, da schob ihn der Mann schon heftig beiseite. „Willst du den Traktor ins Kreuz?“

Was schreit er so, dachte Timm. Selber sitzt er noch viel weiter unterm Traktor.

Am Ende der Halle, wo die Hämmer der Blechklopfer dröhnten, fragte Timm erneut nach Heinrich Bradenkuhl.

Die Blechklopfer waren zwei junge Burschen. Sie guckten Timm an, als wären sie taub. Der eine trug einen nachgemachten Cowboyhut. Der andere, mit einem bleichen Mopsgesicht, hob plötzlich das Blech in die Höhe. „Heinrich Bradenkuhl, ach so. Eben war er noch hier drunter."

„Kriech selber runter", sagte Timm.

Die Blechklopfer lachten hinter ihm her, schwangen die Hämmer und klopften ihr lautes Lachen stumm. Timm lief durch alle vier Hallen. Nirgendwo fand er Heinrich Bradenkuhl. Zuletzt lief Timm ins Büro,

das Gesicht erhitzt, die Stimme voller Ungeduld: „Ich suche Heinrich Bradenkuhl!“

„Den Meister?“ Am Tisch saß ein Fräulein in weißer Leinenbluse.

„Wenn man ihn sucht, findet man ihn nie.“

„Ich bringe seine Brille“, sagte Timm.

„Die Brille? Da wird er sich freuen. Setz dich doch.“

Timm setzte sich nicht. Hatte er Zeit, sich hinzusetzen und zu warten?

Das Fräulein spannte einen Bogen in die Schreibmaschine, zupfte den Rock zurecht, und rumms, fingen ihre Finger an zu tanzen.

„Wie spät ist es denn?“, fragte Timm. „Gleich halb zehn.“

Halb zehn, dachte Timm, halb zehn.

Da schnaufte am offenen Fenster ein Mann vorbei. Sein Rücken warf einen flüchtigen Schatten. Timm bemerkte ihn nicht, doch das Fräulein, bei aller flinken Schreiberei, hob hastig den Kopf. „Das war er, lauf!“

Draußen war kein Heinrich Bradenkuhl zu sehen. Timm rannte um die nächste Ecke. Auch hier war kein Heinrich Bradenkuhl zu sehen. Timm rannte weiter, von Ecke zu Ecke, er rannte rund um das ganze Haus. Dann stand er wieder vorm Büro und steckte seinen Kopf durchs offene Fenster.

„Niemand zu sehn.“

Das Fräulein ließ die Tastenfinger ruhen, blickte an Timm vorbei ins Freie und krauste die hübsche Stirn.

Auf einmal musste das Fräulein lächeln. Ein Schatten fiel über Timm, eine große Hand fasste leicht in seinen Haarschopf. „Hallo, Timm, wie geht’s uns denn?“

Heinrich Bradenkuhl war da, ein Riese gegen Timm, die Augen unter der breiten Stirn blinzelten fröhlich. „Bringst du mir die Brille?“

Timm war herumgefahren in einem freudigen Schreck. Nun guckte er aufwärts an Heinrich Bradenkuhl, genauso fröhlich und ein bisschen verlegen. Dann glitten seine Hände unter den Pullover, suchten und tasteten rund um den Körper.

Wo war die Brille? Hinten auf dem Rücken war sie.

„Hier", sagte Timm.

„Was?", fragte Heinrich Bradenkuhl.

„Hier. Unterm Hemd." Timm dreht sich um, doch inzwischen hatte er die Brille schon am Bauch und zog sie flugs aus dem Hemd.

„Wie einer vom Zirkus", sagte Heinrich Bradenkuhl, rieb die runden Gläser blank und steckte die Nickeldrahtbügel hinter seine dicken Ohren. „Nun bin ich wieder ein richtiger Mensch. Ich danke dir schön. Willst du was trinken?"

„Eigentlich nicht", sagte Timm.

„Die Geschichte vom Lebermeer, hab ich sie dir schon erzählt?"

„Lebermeer?", fragte Timm.

„Jedes Schiff, das hineinfuhr, blieb stecken."

„Blieb stecken?"

„Wie in einem Puddingbrei."

„Na so was", sagte Timm.

Er spürte Neugier, er hätte die Geschichte gern gehört. Doch die Zeit verrann. Die Uhr ging auf zehn. Timm hatte keine Ruhe mehr für Geschichten. Er sagte zu Heinrich Bradenkuhl: „Lieber andermal. Die Geschichte vom Lebermeer erzählen wir uns lieber andermal. Weil ich nämlich nach Hause muss. Weil ich auf Fahrt gehn will. Nach Sundevit!" Timm schloss die Lippen ganz fest. Er sah steil hinauf in das Gesicht von Heinrich Bradenkuhl, durchforschte es mit leisem Triumph: Was sagst du nun?

Heinrich Bradenkuhl guckte verblüfft. „Nach Sundevit? Da hast du gestern gar nichts von erzählt.“

„Da habe ich’s auch noch nicht gewusst.“

„Also ein Zufall, gar nicht eingeplant?“

„Es sind Kinder gekommen, Pioniere. Sie haben fünf Zelte und nehmen mich mit.“

Nun lächelte Heinrich Bradenkuhl mit Timm. Er legte seine beiden großen Hände seitlich an den Bauch, betrachtete Timm und lächelte dabei, als sei das Glück ihm selber widerfahren.

„Wann soll’s denn losgehn?“

„So gegen Mittag.“

„Wat?", sagte Heinrich Bradenkuhl. „Und da bist du noch hier? Und so ruhig? Schon genug, dass du die Brille gebracht hast."

„Mir war eben so", sagte Timm.

Der große Mann blieb ein Weilchen still. Er blickte hinunter zu Timm, wie ein Vater auf seinen Sohn, fasste ihm dann in den Haarschopf, so leicht wie vorhin, und bückte sich tief. „Aber nun mach Dampf auf! Schnell nach Hause. Ich wünsche dir viel Spaß und schöne Abenteuer."

„Wird schon sein, wird alles sein. Tschüssing-tschüss!"

Timm rannte nach Halle zwo, sein Fahrrad zu holen.

Als er zurückkam, wieder am Büro vorbei, stand Heinrich Bradenkuhl noch dort, und neben ihm, am offenen Fenster, erschien ganz plötzlich das Fräulein von der Schreibmaschine. In der Hand hielt das Fräulein ein mattgrau glänzendes Stück Eisen: zwei Handspannen lang, zwei Daumen dick, oben ein Sechskant, unten ein Schraubgewinde mit Mutter.

„Hier ist noch der Bolzen", sagte das Fräulein.

Ach so, ja, der Bolzen.

Heinrich Bradenkuhl nahm das Eisen und blickte hinüber zu Timm, ein wenig zögernd.

„Was ist mit dem Bolzen?", fragte Timm.

„Er soll zur LPG. Ich hatte gedacht, weil du ja sowieso dran vorbeifährst. Aber nun, durch die Reise, bist du wohl zu knapp mit deiner Zeit?"

„Die drei Minuten", sagte Timm.

Er schob den Bolzen wie ein Messer in die aufgesetzte Seitentasche seiner Hose und fuhr ab.

Kurve links, Kurve rechts, die Straßenbäume tanzten vorüber. Eine Gänseschar floh flügelschlagend auseinander, ein kleines Mädchen

drohte mit der dünnen Faust. Timm sah es kaum. Sein Fahrrad huschte wie ein Schwälbchen.

Mitten im Dorf, aus dem wuchernden Grün des Friedhofs, erhob sich der kantige Kirchturm, obendrauf das spitze Tutendach. Die Uhr am Kirchturm zeigte ein Viertel vor neun. Die Zeiger hielten sich einander fest. Das taten sie schon seit Jahren.

Dem Kirchturm gegenüber lag die LPG. Zwei mächtige Linden schirmten Haus und Hof. Das Haus war tief und behäbig, mit Schilfrohr gedeckt. Ein Sinnspruch zierte den steinernen Sims der Tür: Beschütze das Meine - Anno 1876.

Einen halben Meter darunter konnte man lesen, weiß auf grünem Grund: LPG „Morgenrot" - Büro.

Timm klopfte an die Außentür und drückte zugleich die Klinke nieder. Die Klinke gab nach, doch die Tür blieb zu.

Timm klopfte noch einmal, lauter und länger, bis ihm der Fingerknöchel schmerzte. Dann schlug er mit der Hand auf die Klinke und dann mit der Faust gegen die Tür. Aber niemand hörte ihn. Die Tür schwieg, die Fenster schwiegen, das ganze Haus war ein einziges Schweigen. Und in der Wärme des Vormittags stand Timm wie verlassen vor diesem Schweigen.

Er schaute suchend nach links und rechts.

Die Dorfstraße lag wie leergeblasen. Ein paar Hühner badeten drüben im Sand. Ein Moped knatterte irgendwo fern. Niemand kam, den Timm hätte fragen können.

Er schlug noch dreimal gegen die Tür. Dann gab er es auf, und Ratlosigkeit befiel ihn. Die Zeit schlich weg, der Mittag rückte näher. Sollte der Bolzen die Reise verderben? Timm starrte wütend auf das Eisen.

Was hatte er sich da aufgeladen?

Was ging ihn der Bolzen überhaupt an?

Timm handelte schnell. Er stellte den Bolzen an die Tür und lief zu seinem Fahrrad. Doch auf halbem Wege kehrte er um und legte den Bolzen flach, damit ihn nicht jeder gleich sehen sollte. Dann sprang er in den Sattel, aber wieder fuhr er nicht los, sondern blickte zurück auf den Bolzen. Konnte er ihn so liegenlassen?

Erst jetzt dachte Timm an den Hof. Eine letzte Hoffnung. Er holte den Bolzen und fuhr durch den Schatten der Linden hinter das Haus.

Dort hockte friedlich Kalli Kröger. Timm verschlug es die Sprache. Kein Mensch zu spüren, zu hören, zu sehen, und hier hockte Kalli und baute an seinem Motorrad.

„He, Kalli!", rief Timm und bremste scharf. „Ich denke, hier ist gar keiner."

Kalli guckte sich flüchtig um. „Warst du der Verrückte vorne an der Tür?"

„Hast du's gehört? Warum hast du nicht mal um die Ecke gesehn?"

„Keine Zeit." Kalli bleckte die Zähne.

Er saß mitten in seinem Motorrad. Um ihn verstreut, auf zwei Decken, lagen fast sämtliche Teile: die Räder, der Auspuff, der Sattelsitz, das Dreiklang-Horn, ein Stückchen Motor und viele, viele Schrauben.

Kalli wühlte in den Schrauben. Er war achtzehn, der jüngste Sohn vom LPG-Vorsitzenden Paul Kröger, ein guter Traktorist und guter Tänzer. Wenn Kalli kam, freuten sich die Mädchen. Aber Kalli liebte am meisten sein Motorrad.

„Ist keiner weiter hier?", fragte Timm.

„Die Ernte fängt an. Da kriegt der Vorsitzende jedesmal seinen Rappel. Alle müssen raus."

„Und du?“, fragte Timm.

„Ich baue mein Maschinchen.“

„Wenn alle draußen sind?“

Kalli bleckte wieder die Zähne.

„Warum soll ich nicht? Das ist so meine Eigenart. Sagst du nun?“

Timm sagte nichts. Er dachte nach, wem er den Bolzen geben sollte. War Kalli überhaupt vertrauenswürdig?

„Warum denn, Kalli, warum zum Beispiel bist du nicht mit draußen?“

Kalli kroch hinter sein Motorrad. Er hatte keine Lust, mit Timm über diese Angelegenheit zu reden. Timm war ein Floh, acht Jahre alt. Kalli war achtzehn, seit Weihnachten mündig. Wie kam er dazu, mit Timm über ernste Probleme zu reden? Er sagte nur: „Der Vorsitzende, nicht wahr.“

„Gestritten?“, fragte Timm.

„Viel komplizierter“, erwiderte Kalli. „Aber davon verstehst du noch nichts.“

Er kroch tiefer hinter sein Motorrad, krümmte den Rücken und baute den Kickstarter ab.

Am linken Handgelenk trug Kalli eine Uhr, flaches Modell, silbernes Flexi-Band. Timm starrte plötzlich auf die Uhr. Ihre Zeiger standen auf halb elf. Ein heißer Schreck schoss Timm durch die Brust.

„So spät ist das schon?! Halb elf? Da muss ich los!"

„Dann fahr doch", sagte Kalli. „Was wolltest du eigentlich hier?"

Timm sammelte Luft. „Ich hab einen Bolzen abzugeben. Von Heinrich Bradenkuhl. Aber bei wem nun soll ich ihn abgeben? Keiner ist da."

Kalli hob langsam den Kopf, wie ein Hase aus dem Kohl. „Was für einen Bolzen denn? Lass ihn bei mir."

Das hätte Timm schon längst getan. Aber Kalli, der Windhund, würde den Bolzen vielleicht für sich selber nehmen? Oder vergessen? Oder aus böser Absicht nicht hingeben?

Weil Timm sich ausschwieg, fragte Kalli: „Ich bin dir wohl nicht geeignet?"

„Doch“, sagte Timm, „doch-doch“, denn was blieb ihm anderes übrig?

Er zog den Bolzen aus der Seitentasche seiner Hose.

„Vergiss ihn aber nicht.“

„Sei beruhigt, schwirr ab.“

„Aber gib ihn auch ganz bestimmt hin!“

„Na was denn sonst?“

„Ich verlass mich also auf dich.“

„Schwirr ab!“ Kalli drohte mit dem Schraubenschlüssel.

Timm fuhr eine Schleife. „Sag noch mal wie spät.“

„Halb elf.“

„Halb elf? Immer noch?“

Kalli guckte ein zweites Mal auf seine Armbanduhr. Er wunderte sich, hielt die Uhr ans Ohr und lauschte, schüttelte den Arm und lauschte wieder, atmete plötzlich auf, drehte am Knöpfchen und sagte lächelnd zu Timm: „Nicht aufgezogen. Nun brause aber ab.“

„Achgottachgott!“, rief Timm.

Er sauste aus dem Hof und am Friedhof vorbei zur Straße und wie ein leichtes Blatt vorm Wind die Straße hinab. Niemand und nichts sollte ihn mehr halten.

Timm hatte das Dorf noch nicht verlassen, da sah er vor sich eine alte Frau. Ihr weißes Kopftuch flatterte, und ihre langen, weiten Röcke wallten. Die alte Frau lief in großer Eile, und Timm hatte plötzlich das Gefühl: Gleich dreht sie sich um und winkt. Irgendetwas wird sie auf dem Herzen haben. Nicht umsonst läuft eine alte Frau so schnell.

Aber Timm hatte keine Zeit. Keine Zeit mehr für fremde Wünsche. Er machte sich hart, wappnete sein Herz, bevor noch ein Wort um Hilfe gesprochen war. Dann gab er Gas und fuhr auf die andere Straßenseite hinüber, stellte sich in die Pedale, trat sie links und rechts und links und rechts, schneller und schneller, bis sein Fahrrad mit pfeifenden Reifen davonflog – davon und vorbei an der alten Frau, dem weißen Kopftuch, den wallenden Röcken. Vorbei wie ein Husch – eben noch da und schon nicht mehr gesehn.

Aber schneller war der Ruf der alten Frau. „Jungchen, Jungchen!“, rief sie.

Timm fuhr. Hörte nichts, hörte nichts, fuhr.

„Jungchen, so warte doch!“

Timm fuhr, das Herz verschlossen, die Ohren taub. Er hatte genug getan an diesem Morgen. Nun wollte er nach Sundevit.

„So warte doch! Jungchen!“

Gab es nur einen, gab es nur Timm?

Gab es nicht sechsundneunzig Kinder im Dorf? Doch die Beine bewegten sich schon nicht mehr so schnell, und das Fahrrad verlor seinen fliegenden Lauf. Timm wandte den Kopf. Er blickte zurück und sah die alte Frau, wie sie mitten auf der Straße stand, enttäuscht und hilflos unter ihrem großen weißen Kopftuch. Da kehrte er um, grollend gegen sich selber. Die alte Frau aber lächelte ihm entgegen.

„Ach, Jungchen, fährst du raus in die Felder?“

„Zum Leuchtturm“, erwiderte Timm, zurückhaltend wie nur möglich.

Noch war Hoffnung. Felder gab es viele.

„Also nach Norden zu?“, fragte die alte Frau.

„Erst mal ja“, erwiderte Timm, und immer noch war Hoffnung.

Nun aber sagte die alte Frau: „Wenn du nach Norden fährst, wirst du ihn sehen. Ich hab ihm Tee zurechtgemacht, schön abgekühlt und etwas Zucker drin. So trinkt er ihn am liebsten.“

„Wer denn?“, fragte Timm.

„Herbertchen, mein Enkel. Kennst du ihn vielleicht?“

„Herbertchen?“, sagte Timm. „Den kenne ich wahrscheinlich nicht.“

„Aber den Mähdrescher wirst du kennen, und da sitzt er drauf. Und wenn du so gut sein wolltest, den Tee für Herbertchen mitzunehmen?“

Timm schwieg. Er blickte auf den Beutel in der Hand der alten Frau. Oben aus dem Beutel guckte ein dicker, runder Flaschenhals, der Verschluss so groß wie eine kleine Kaffeetasse. Ein Kürbis ist gar nichts dagegen, dachte Timm. Was geht mich der Tee für Herbertchen an?

Timm hob den Kopf. „Ich hab einen Mähdrescher nicht gesehn.“

„Doch, doch“, sagte die alte Frau, „er ist draußen, ganz früh ist er hier vorbei.“

„So, ist er das“, sagte Timm, und die letzte Hoffnung schwand dahin. Wenn der Mähdrescher wirklich draußen war, musste Timm der alten Frau helfen. Oder er wäre dieses Tages nicht mehr froh geworden.

Ohne ein Wort griff Timm nach dem Beutel. Er spürte das Gewicht der Flasche und kriegte vor Ärger einen roten Hals.

„Wird's dir auch nicht zu schwer werden?“, fragte die alte Frau. „Ich hab gleich ein bisschen mehr gemacht. Damit jeder ein Schlückchen trinken kann.“

Ihr Gesicht war freundlich und besorgt, und ihre Großmutteraugen lächelten still und bescheiden, so dass Timm sich seines Ärgers auf einmal schämte. Er sagte schnell: „Ich fahre mal los. Ich hab nämlich nicht viel Zeit, gar nicht viel Zeit. Tschüss.“

„Aber vorsichtig!“, mahnte die alte Frau. „Und wenn du mal wieder im Dorf bist, hol dir bei mir einen Apfel.“

„Mach ich, mach ich“, rief Timm, und am Straßenrand stand die alte Frau, glücklich unter ihrem großen weißen Kopftuch.

Da wurde Timm sehr froh, und ganz ohne Groll fuhr er aus dem Dorf hinaus, vorbei an der großen Schweinekoppel und dann nach Norden durch das Meer der Felder.

Die Sonne stand hoch und strahlte weiß.

Voraus überm Pflaster tanzte das Hitzegeflimmer der Luft.

Timm fuhr ein scharfes Tempo. Er trug noch immer den Pullover, und er schwitzte und dampfte bald wie ein kleines Pferd, zog den Pullover aus und verschnaufte ein Weilchen. In seinen Ohren sang die Stille über den Feldern. Kein Fahrzeug, kein Fuhrwerk, kein Mensch weit und breit. Nur Getreide bis an den Himmel, Kartoffelkraut und Rü-

benblatt und gelb die blühenden Lupinen. Mittendrin stand Timm, eine kleine Gestalt auf der endlosen Straße nach Norden.
Wo sollte er nun den Mähdrescher finden?
Timm reckte den Hals nach allen Seiten. Er sprang in die Höhe, so hoch er nur konnte, doch er sah niemals mehr als das wogende Korn. Und die Ruhe der Landschaft sagte ihm, dass kein Mähdrescher in der Nähe war.
So fuhr er denn weiter nach Norden, am Lenker den baumelnden Beutel, und allmählich kehrte Sorge ein, und der Ärger kam zurück.
Was sollte werden, wenn Timm den Mähdrescher gar nicht fand? Wenn Herbertchen sonst wohin gefahren war? Was sollte dann werden mit dem Tee?
Timm stieß den Beutel zur Seite. Der Flaschenhals wippte, als wäre er beleidigt. Was hatte sich Timm da wieder aufgeladen?
Ärger und Sorge trieben ihn voran.
Ein Waldstück begann und endete plötzlich. Der grelle Tag stach wieder in die Augen, das Meer der Felder lag wie vordem links und rechts.
Timm hielt an und lauschte.
Er war allein, aber irgendwo unterm Himmel toste eine Maschine. Das Tosen schien ferner und näher, verstummte zuweilen, brach plötzlich wieder los. Aber nirgendwo rundum bemerkte Timm eine Spur der Maschine. Da lief er zum nächsten Baum, eine Birke mit schönen starken Ästen, kletterte hinauf und entdeckte endlich die Maschine. Er sah sie wie ein Schiff, das am Rande eines langen und breiten Feldes dahinzog, jenseits der Kornährenflut, so weit entfernt, dass Timm der Herzschlag stockte.
Doch es gab kein Zaudern und keine Wahl. Timm sprang vom Baum, griff sich den Beutel mit der Flasche und rannte dem Mähdrescher ent-

gegen. Rannte am Walde entlang und weiter am wippenden Halmspalier des Feldes, rannte ohne Rast, bis er den Maschinenlärm dicht vor sich hörte. Jetzt blieb er stehen, den Mund geöffnet, schöpfte keuchend Luft und wartete.

Der Mähdrescher toste heran. Timm sah ihn kommen, hoch und breit, schwankend wie in sanfter Meeresdünung, leicht und schnell dabei, als wäre die Arbeit Spielerei.

Aber nun hob Timm den Beutel. Er hielt ihn einfach empor, und siehe: Er brachte das Riesentier zum Halten. Die große Greifertrommel drehte sich nicht weiter, die Schnattermesser wurden stumm, Gelärm und Getöse erstarben, die ganze Maschine schwieg. Man hörte wieder die Lerchen, und man hörte die Stimme von Timm:

„Ich bringe Tee!“

Auf dem Mähdrescher waren zwei Männer. Der eine, vorn am Steuerrad, war jung. Er war stark wie ein Bär und sprang herunter zu Timm.

„Tee! Das ist gut.“

Aber Timm gab den Beutel nur zögernd her. Er guckte den Mann von unten bis oben an, ein wenig verwirrt und sprachlos. Der Mann, stark wie ein Bär, begann sich zu wundern: „Was ist denn? Hab ich was Komisches an mir?“

„Nein-nein“, sagte Timm, „bloß, sind Sie denn auch wirklich Herbertchen? Her-bert-chen?“

Jetzt lachte der Mann vergnügt. „Ich sehe wohl nicht so aus?“

Er öffnete die Flasche und hielt sie Timm an den Mund. „Der erste Schluck ist für dich.“

Timm war sehr durstig, und der Tee, schön abgekühlt und leicht gesüßt, lief ihm wie Labsal durch den Mund. Er seufzte und sagte: „Danke schön.“

Der Mann wehrte lächelnd ab. „Zu danken haben wir. Für deine Mühe.“

„Es war ganz zufällig“, sagte Timm. „Aber jetzt muss ich weiter. Ich habe nämlich keine Zeit, gar keine Zeit. Wie spät ist es denn? Wenn Sie das vielleicht wüssten? Vielleicht genau?“

Der zweite Mann besaß eine Taschenuhr, uralt, mit silbernem Deckel. Er zog sie aus der Westentasche und ließ den Deckel springen. „Es geht auf zwölf.“

„Zwölf?“, sagte Timm und wurde starr.

„Radiozeit. Fünf Minuten bis zwölf.“

Timm wiederholte, ganz für sich: „Fünf Minuten bis zwölf. Eiwei!“, und rannte plötzlich davon.

„He, was ist denn, was ist los?“

Timm aber sah nichts mehr und hörte nichts mehr.

Er rannte, als gelte es sein Leben.

Was muss geschehen, damit ein Junge wie Timm den Mut verliert?

Er hat gehört: die Uhr geht auf zwölf, und er weiß, dass die Kinder nicht länger als bis zum Mittag an der hohen Düne bleiben werden. Also müssten die Zelte jetzt schon nicht mehr stehen, also müssten die Kinder jetzt vielleicht schon unterwegs sein.

Timm denkt daran, doch er glaubt es nicht. Denn die Kinder werden auf ihn warten. Sie werden nicht ohne ihn weiterziehen. Sie wissen, wie sehr er sich freut. Und darum werden sie auf ihn warten.

Woher nimmt Timm seine Zuversicht?

Er fährt und fährt. Sein Weg ist noch weit. Die Straße nach Norden glänzt blank und heiß, grau zwischen Wiesen und Feldern. Kornähren wogen im leichten Wind. Die Hügel dahinter hält die Ferne blau umsponnen.

Timm aber fährt und fährt.

Seine Beine fliegen im Drehspiel der Pedale, auf und ab und auf und ab. Sein Haar klebt verschwitzt in der Stirn. Die Hände am Lenker sind nass. Wie lange wird Timm noch so fahren?

Er sucht den schmalen Pfad zwischen Pflaster und Feldrain. Hier ist der Boden glatt, und die Reifen schnurren. Das Fahrrad fliegt dahin, leicht wie ein Renner, und an der Vordergabel weht der Fuchsschwanz, rot wie ein Feuerschweif.

Aber hier auf dem schmalen Pfad, kaum breiter als eine Männerhand, lauert auch die Gefahr: eine Querrinne, die der Regen ausgewaschen hat. Timm erkennt sie zu spät. Im harten Sonnenlicht erblickt er sie erst, als kein Bremsen und Ausweichen mehr möglich ist. Der Lenker schlägt ihm aus der Hand, und eine mächtige Kraft hebt Timm aus dem Sattel. Unheimlich ist diese Kraft, lautlos wie eine Geisterhand, stärker als ein Keulenschlag.

Timm segelt über den Lenker, segelt durch die Luft und landet mit ausgebreiteten Armen im Korn. Die Halme fahren rauschend nieder, die Ähren wippen vor und zurück, eine Kornblume hebt ihr zerzaustes Köpfchen. Was ist passiert?

Timm liegt still und wie tot.

In der Höhe verliert sich das dünne Gezwitscher einer Lerche.

Timm dreht langsam den Kopf. Er öffnet und schließt die Augen, bewegt die Arme, bewegt die Beine. Ihm tut nichts weh, ihm ist nichts passiert. Nur die Hose am linken Knie ist zerrissen, und das Knie ist zerschrammt und blutet. Aber Timm fühlt keinen Schmerz. Nun blickt er sich um nach seinem Fahrrad und sieht es liegen mitten auf der Straße. In den Chromteilen blitzt die Sonne, als wäre nichts gewesen, doch der Fuchsschwanz hängt traurig herab, und das Vorderrad ist nicht mehr rund. Ein paar Speichen baumeln lose, die Felge windet sich nach oben. Das Vorderrad sieht aus wie eine schlanke Acht.

Timm schaut hin und rührt sich nicht. Er bleibt liegen wie betäubt. Er starrt sein Fahrrad an, die Augen weit, als könne er das Unglück gar nicht fassen. Dann springt er hoch, stürzt zur Straße und schiebt das Fahrrad hin und her. Es schleift und schlackert jämmerlich. Die losen Speichen klimpern. Das ganze Fahrrad wackelt wie betrunken. Und Timm verharrt nun reglos und ratlos.

Ohne das Fahrrad ist er verloren, kommt er zu spät.

Ohne das Fahrrad kommt er nicht mit nach Sundevit. Sundevit, Sundevit –

Aber noch ist gar nichts verloren. Timm gibt das Rennen nicht auf. Er dreht die losen Speichen heraus und richtet die Felge mit Händen und Füßen, so gut er das vermag. Dann versucht er den ersten Probelauf.

Das Vorderrad schaukelt weiter, doch es schleift nicht mehr so stark, und Timm fasst sich ein Herz: steigt auf. Er fährt langsam an, und nichts geschieht. Er fährt schneller und immer noch ein bisschen schneller - und nichts geschieht. Das Vorderrad dreht sich in pfeifender Schlangenfahrt. Pfft-pfft-pfft. Es humpelt und bäumt sich, aber nichts geschieht. Timm kommt voran. Seine Zuversicht kehrt zurück, und Jubel weitet ihm das Herz. Glück im Unglück! Wo gibt es so viel davon noch einmal?

Immer schneller fährt Timm, und das Vorderrad flattert wie eine lahm gejagte Ente. Doch es dreht sich, dreht sich, und Timm sieht die Hügel schon näher, klar vor dem blauen Himmel, und seine Zuversicht wird grenzenlos.

Sundevit, Sundevit!

Die Kinder werden auf ihn warten.

Aber jetzt – was ist das? – geht sein Fahrrad in die Knie. Es sackt nach vorn wie ein müdes Tier, so langsam und weich, dass Timm ohne Sturz noch abspringen kann. Er rennt drei Schritte nebenher und steht. Steht und betrachtet ein trostloses Bild: ein Vorderrad wie ein Ei, gebogen wie ein Bumerang, niemals mehr zu gebrauchen. Timm, in schneller Wut, hebt das Fahrrad an und stößt es zurück auf die Straße. Aber davon wird es nicht besser. Gar nichts wird davon besser. Timm atmet tief und schluckt. Sein Hals ist trocken und kratzt.

Das schöne Fahrrad: dahin.

Die Reise nach Sundevit: vorbei.

Alles dahin, alles vorbei.

Die Hügel, wie nah sie schon sind. Und nun auf einmal keine Hoffnung mehr. Die Straße ist leer nach beiden Seiten.

Timm lädt sich das Fahrrad auf die Schultern. Wie der Reiter den Sattel des toten Pferdes, so trägt er sein geschundenes Rad, traurig im Herzen und mutlos.

Doch es hat schon Geschichten gegeben …, es haben schon Leute erzählt …, manch einer war schon so gut wie tot …

Während Timm die einsame Straße läuft und sein Fahrrad tapfer nach Norden trägt, stellt sich die Hoffnung wieder ein. Denn es gibt keine Stunde ohne Hoffnung, mag sie auch kleiner sein als ein Funken. Die Gedanken von Timm bleiben nicht bei seinem Missgeschick. Sie eilen voraus, sie suchen die Kinder und fragen: Warum soll keine Hoffnung mehr sein?

Wenn die Kinder nun sehr lange auf ihn warten? Niemand treibt sie fort. Und sie wissen, wie Timm sich freut, wie gern er mit ihnen nach Sundevit will. Könnte es also nicht sein, dass sie sehr lange auf ihn warten? Dass sie warten, bis er kommt?

Von der Hoffnung beflügelt, trabt Timm an den Feldern entlang, die drückende Fahrradlast auf den Schultern, doch im Herzen schon nicht mehr mutlos und längst nicht mehr so traurig.

Zu der Hoffnung gesellt sich bald das Glück.

Ein Gespann kommt durch die Felder gefahren. Zwei braune Pferdeköpfe nicken über den Ährenspitzen.

Wo der Feldweg mündet, wartet Timm.

Die Pferde ziehen einen leeren Wagen, gummibereift und flach. Auf dem Kutschbrett sitzt Theo Brom, ein älterer Bauer aus Trempin. Von der Höhe des Wagens blickt er herab auf Timm, blasse Neugier in den Augen. Sein Gesicht ist mager und faltig.

Timm hebt die Hand.

„Brrr", sagt Theo Brom, und die Pferde, zwei starke Füchse, werfen die Köpfe und stehen.

„Fahrt ihr nach Norden?", fragt Timm.

„Steig auf", sagt Theo Brom. Er wartet, bis Timm sich mit dem Fahrrad müht, dann greift er zu und legt es hinten in den Wagenkasten. Die Pferde rucken an. Die Gummireifen rollen weich. Timm ist niemals weicher gefahren. Er möchte vor Freude singen, doch der Bauer guckt von der Seite und sagt: „Dein Fahrrad hast du dir schön kaputtgefahren. Total. Das kommt davon. Immer wie die Feuerwehr. Bist du nicht vom Leuchtturm draußen?"

„Ja", sagt Timm. „Aber es war eine Rinne in der Straße, und darum bin ich gestürzt."

„Eine Rinne, soso."

„Es war aber eine Rinne."

„Dann hättest du eben langsam fahren müssen."

„Hätt ich", sagt Timm. „Aber wenn zum Beispiel keine Zeit dafür war?"

„Keine Zeit? Jetzt musst du sie doppelt haben."

Nach dieser Weisheit hüllt sich Timm in Schweigen. Denn was könnte er wohl erwidern? Die Weisheit von Theo Brom ist zu einfach. Sie reicht nicht aus für Timm, der den ganzen Vormittag unterwegs war – geholfen hat, wo er konnte, und getan hat, was in seinen Kräften stand. Das müsste man Theo Brom erklären. Aber Timm findet nicht die Worte, und er hat auch dazu keine Lust. Er sagt wie nebenbei: „Ich habe eine Fahrt vor, und es war noch allerhand und manches zu erledigen."

„Siehst du", belehrt ihn Theo Brom, „du hättest dir eben alles besser einteilen müssen. Einteilung ist das halbe Leben." Und er nickt mit den wippenden Pferdeköpfen, guckt auf die glänzenden Mähnen, und Timm sitzt steif daneben, schweigt in sich hinein und denkt: Soll sein, was will, wenigstens nimmt er mich auf dem Wagen mit.

Die beiden Füchse ziehen kräftig weg. Der Wagen rollt leicht, und er könnte sehr gut ein wenig schneller rollen. Wenn die Füchse und Theo Brom es nur wollten. Timm fragt bescheiden. „Könnten wir nicht einen Trab einlegen?"

Theo Brom murrt vor sich hin.

Timm wiederholt: „Ein kleiner Trab, wäre das nicht möglich?"

„Warum?", fragt Theo Brom.

„Wegen der Zeit."

„Ach so. Ja nun."

Die Peitsche spielt um die Hinterbacken der Pferde, streichelt und tut nicht weh. Die Füchse bleiben bei ihrer Gangart, sie denken nicht

dran zu traben. Sie schnauben und strotzen vor Kraft. Ihre Hufe schlagen hart und rhythmisch auf das Pflaster.

„Die Hitze“, sagt Theo Brom. „Da werden die Pferde matt.“

Timm aber merkt, dass er die Füchse nicht traben lassen will, rein aus verschlafener Gleichgültigkeit.

Nach einer Weile fragt der Bauer: „Eine Fahrt hast du vor? Wohin soll's denn gehn?“

Timm lässt sich mit der Antwort Zeit. „Nach Sundevit“, sagt er verdrossen.

„Sundevit?“ Theo Brom denkt nach. Sein gekrümmter Rücken schuckert hin und her. „Sundevit? Da war ich mal vor vielen Jahren. Lange, lange her. Noch kleiner als du muss ich da gewesen sein. Ein Karussell war da.“

„Ein Karussell?“, fragt Timm.

„Ja.“

„Ein einziges bloß?“

„Mit weißen Schwänen.“

„Und Ketten und so?“

„Nein“, sagt Theo Brom. „Einfach ein Karussell. Immer rundherum. Mit weißen Schwänen. Und roten Kutschen.“

„Hat das Spaß gemacht?“, fragt Timm.

„’türlich“, sagt Theo Brom.

„Man konnte in den Schwänen sitzen. Zwischen den Flügeln.“

„Oha“, sagt Timm. „Nun hätten die Schwäne bloß noch fliegen müssen.“

Theo Brom blickt mauzig von der Seite. „Wohin mal, wenn ich fragen darf? Mir hat’s genügt, so rundherum.“ Er mustert Timm, als wolle er ihm noch ein paar Wörtchen sagen, bemerkt aber nun das zerschrammte Knie. Aus Blut und Schmutz ist eine schwarze Kruste geworden. Theo Brom zeigt mit dem Finger hin. „Da muss Jod drauf.“

Timm beugt und streckt das Knie. Es tut ihm weh, doch er sagt, als wäre es gar nichts: „Das ist bloß die Haut."

„Aber Jod ist immer gut. Hü. Nun lauft mal. Hopp!" Die Peitsche ziept über die straffe Pferdehaut. Die Füchse wundern sich und fangen widerwillig an zu traben. Der Wagen poltert, das Fahrrad rasselt. Timm hüpft auf dem Kutschbrett wie ein Floh. Theo Brom sitzt fest, nur sein Rücken schuckert schneller hin und her.

So ändert sich die Welt, denkt Theo Brom. Sundevit, Sundevit – wann war ich mal so klein wie der da neben mir?

Und die Peitsche bleibt den Füchsen nah, streichelt sie, tut nicht weh, doch die Füchse wissen: Sie müssen jetzt traben, bis die Peitsche in die Höhe geht.

Als die Hügel in den Himmel wachsen und die Straße sanft zu steigen beginnt, zügelt Theo Brom die Pferde. „Ich muss jetzt hier nach links."

„Nach links?", sagt Timm. „Das ist schade."

Er steigt zögernd vom Wagen und bleibt am Seitenbrett stehen, damit Theo Brom ihm das Fahrrad zureichen soll. Theo Brom aber sagt: „Dein kaputtes Dingens lass drauf. Ich nehme es mit in die Werkstatt. Willst du?"

Timm ist froh, mehr als froh, kann sich Besseres gar nicht wünschen. Er braucht sein Fahrrad nicht zu schleppen und wird schnell sein wie der Wind.

„Dann lauf mal los", sagt Theo Brom. „Ich muss weiter. Hüh."

Der Wagen rollt an und schaukelt gemächlich in die Wiesen.

Timm ruft: „Danke, danke schön, danke!"

Theo Brom aber sieht sich nicht mehr um. Er wedelt zur Antwort nur ganz wenig mit der Peitsche, und die Füchse spitzen die Ohren, weil sie glauben, sie müssten gleich wieder traben.

Timm läuft die Straße hinan und den Hügeln entgegen. Er läuft geschmeidig und schnell, leichtfüßig wie ein Indianer, und er zweifelt nicht, dass er die Kinder noch erreichen wird.

Obwohl die Zeit des Mittags längst vorüber ist, die Sonne sich schon nach Westen neigt und niemand mehr Hoffnung geben würde, glaubt Timm ganz fest, dass er die Kinder noch erreichen wird. Denn sie werden auf ihn warten. Sie werden, sie müssen, denkt Timm.

Um so härter trifft ihn die Enttäuschung.

Auf der Kuppe eines Hügels steht er still, still wie unter einem Donnerschlag, und schaut hinüber zur hohen Düne.

Die Zelte sind fort!

Die Kinder sind nicht mehr da!

Die Düne liegt verlassen. Ihr Gipfel blendet, ihr Hang ist dunkel im Schattental. Wo die Zelte gestanden haben, ist Sonne.

Timm schaut hinüber, noch immer ganz still.

Am Rande der Düne leuchtet das Meer, blau, mit weißen schäumenden Brandungswellen. Draußen fährt ein Schiff, so weit weg, als wolle es in den Himmel fahren. Aber Timm sieht von alledem nichts. Er steht und starrt sich die Augen heiß.

Die Zelte sind fort, die Kinder sind nicht mehr da.

Sie haben nicht gewartet. Sie haben nicht, haben nicht gewartet.
Langsam geht Timm den Abhang hinab. Er spürt jeden Schritt. Seine Füße sind schwer, seine Beine matt. Alles war umsonst.
Auf dem Lagerplatz sieht er: die Spuren der Zelte – flachgedrücktes Gras; die Feuerstelle – schwarzgekohltes Holz, mit Erde überdeckt; daneben ein fahler Ast, zernagt und blankgewaschen von der See. Oben ist der Ast geteilt. Dort flattert ein Zettel, eine Nachricht für Timm.

Wir können nicht länger warten.
Schönen Gruß!
Hermann
und alle

Ein Stückchen darunter liest Timm, eilig gekritzelt:

Komm doch nach!!!
Sundevit

Timm liest den Zettel wohl zwanzigmal, von links nach rechts, von oben nach unten, von unten nach oben. Zuletzt weiß Timm, wo jeder einzelne Buchstabe steht. Er faltet den Zettel und steckt ihn in die Hosentasche.
Komm doch nach!
Timm versucht zu lächeln, stumm bei sich selber und sehr traurig.
Komm doch nach – wie denn?
Ein paar Möwen segeln flach ins Land, die Schwingen weit, den Kopf gespannt auf der Suche nach Beute. Sie finden nichts und kehren zurück. Überm Meer suchen sie weiter, und Timm hört ihr Geschrei die ganze Zeit. Das gibt ihm einen kleinen Trost: Die Möwen sind immer da. Wenn niemand mehr da ist, die Möwen sind immer da.
Doch auf dem Zettel steht: Komm nach!

Hermann hat es geschrieben. Hermann – lang und dünn, kohlschwarzes Haar bis in die Stirn. Er wollte gern hier sein, so wie Timm, und Fische braten und Muscheln essen. Nun ist er fort, und Timm ist allein, als hätten hier niemals Zelte gestanden, als hätte er diesen Hermann niemals gesehen.

Doch auf dem Zettel steht: Komm nach!

Timm blickt nach Süden, wo der Leuchtturm thront, grau und massig und vertraut. Seine Kappe ist rund und schneeweiß. Hermann wollte gern mal hinauf. Nun ist er fort, und sie werden sich niemals wiedersehen.

Niemals! Niemals?

Auf dem Zettel steht: Komm nach!

Aber wie denn, denkt Timm, wie denn, wie denn –

Dabei rennt er schon, rennt seiner Mutlosigkeit davon und der neuen Hoffnung entgegen.

Das Wohnhaus am Fuße des Leuchtturms liegt im Sonnenbad. Der Sandweg ist leer, der Flur zur Küche ist dunkel und kühl.

Aus dem Garten kommt die Mutter gelaufen, ein Körbchen mit Schoten in der Hand. Vor der Küchentür bleibt sie fassungslos stehen.

„Timm! Wie siehst du aus! Wo warst du denn bloß so lange?"

Sie eilt auf ihn zu, sehr rasch, mit kleinen Schritten, fühlt seine glühheißen Wangen und streicht ihm das schwitznasse Haar aus der Stirn.

Doch bevor sie noch etwas sagen kann, fragt Timm, heiser und atemlos: „Sind sie schon lange fort?"

„Die Kinder? Aber ja –“

„Haben sie nicht gewartet?“

„Aber doch. Natürlich haben sie gewartet. Und Beobachter ausgeschickt, und was weiß ich noch. Ich hab's ja gewusst, ich hab's ja gesagt, aber du, du musstest unbedingt nach Trempin –“

Timm lässt die Flut der Worte schweigend über sich ergehen. Er zieht den Kopf zurück, verschließt den Mund, und man könnte ihn beinah für bockig halten. Doch das ist er nicht. Er will nur kein Mitleid, die Mutter soll ihn nicht so streicheln.

Und die Kinder haben auf ihn gewartet!

„Wie lange“, fragt Timm, „wie lange haben sie denn gewartet?“

„Ach Gott, sehr lange. Bis keine Zeit mehr war, wegen der Fähre.“

Die Welt um Timm fängt sich an zu drehen. Das Gesicht der Mutter schwimmt weg. Es kehrt zurück, ganz schnell. Timm hört die Mutter sagen: „Nun ruh dich aus. Ich mach dir was zu essen. Und heute Abend gehst du früh ins Bett."

Aber Timm hört an den Worten der Mutter vorbei.

Was kann er tun, um den Kindern zu folgen?

Wer wird ihm die Erlaubnis geben?

Die Mutter? – Die Mutter braucht er gar nicht erst zu fragen.

Aber der Vater –

Timm fragt: „Wo ist denn Vater, schläft er?"

„Er ist zum Turm, er wollte gleich wiederkommen. Geschlafen hat er heute noch gar nicht."

Die Mutter wendet sich zum Tisch, und diesen Augenblick nutzt Timm und huscht durch die Tür und hinaus ins Freie.

„Timm", ruft die Mutter, „Timm!"

Aber Timm saust längst den Sandweg zum Leuchtturm hinauf.

Er sieht den Vater auf halber Strecke, als er von oben kommt mit seinen weiten Schritten. Allmählich werden die Schritte kürzer, und schließlich steht der Vater vor Timm, blickt ihm ins Gesicht, erleichtert und lächelnd, forschend. „Na, Timm, was war das nun mit uns. Du kommst so spät?"

Timm hebt die Schultern, hilflos.

Der Vater entdeckt das zerschrammte Knie. „Bist du gestürzt?"

„Ja, auch", sagt Timm.

„Auch? Was war denn noch?"

„Allerhand", sagt Timm, aber mehr will er davon jetzt nicht reden. Er holt den Zettel aus der Tasche, faltet ihn auseinander und reicht ihn dem Vater, stumm. Der Vater liest, und Timm liest mit, erwartungsvoll im Gesicht des Vaters. Aber dem ist nicht neu, was auf dem Zettel steht. Er faltet das Papier und sagt: „Jaja, ich weiß. Sie haben es alle gewollt. Dieser eine, lang und dünn, rabenschwarzes Haar –“

„Hermann“, ruft Timm.

„– und dieser andere, mit der Athletenfigur –“

„Addi“, ruft Timm.

„– diese beiden haben es ganz besonders gesagt, dass du nachkommen sollst, dass sie drüben bis zur letzten Fähre auf dich warten wollen –“

„Ist das wahr, ist das wahr? Bis zur letzten Fähre?“

„Aber nun, so spät“, sagt der Vater weiter, „so spät hat das keinen Zweck mehr für dich.“

Aus himmelhoher Freude stürzt Timm lautlos und tief. Er empfindet nichts, und er kann dem Vater nicht widersprechen, noch weniger kann er ihn bitten. Er schaut ihn nur an und fragt mit kleiner Stimme:

„Keinen Zweck, warum?“

Der Vater lächelt. „Siehst du das nicht selber? Bis zur Fähre, das sind beinah zwanzig Kilometer.“

„Zwanzig?“, sagt Timm und weiß es doch so gut wie der Vater.

„Und alles zu Fuß. Und denke mal, was du heute schon hinter dir hast – nein“, sagt der Vater, „für diesmal ist es zu spät.“

Timm bewegt die Lippen, doch er spricht kein Wort. Die letzte Hoffnung ist dahin. Timm schaut den Vater noch einmal an, dann fühlt er die Tränen im Hals und dreht sich um, damit der Vater nichts davon merken soll. Er schluckt und schluckt, doch die Tränen sind stärker und machen ihm die Augen blind.

Die Landschaft schweigt, und der Leuchtturm schweigt. Seine Spitze ist fern, und der Himmel darüber ist seidenleicht, blau und ohne Wolken.

Timm aber weint, und der Vater steht ratlos dabei, blickt auf den kleinen steifen Nacken und weiß nicht, was er sagen soll.
Eine halbe Stunde darauf läutet im Stützpunkt Trempin das Telefon. Das Fräulein mit der weißen Leinenbluse nimmt den Hörer ab. Es meldet sich der Vater von Timm.
„Ist Heinrich Bradenkuhl zu erreichen?"
„Einen Augenblick", sagt das Fräulein und läuft zum offenen Fenster, den Telefonhörer in der Hand.
„Herr Bradenkuhl! Telefon!"
Heinrich Bradenkuhl hat drüben bei Halle zwo gestanden. Jetzt kommt er quer über den Hof gestiefelt, und das Fräulein reicht ihm den Hörer hinaus und sagt: „Vom Leuchtturm. Dringend wohl."

„Hallo Leuchtturm, hallo Hannes!“

Eine ganze Minute lauscht Heinrich Bradenkuhl stumm, die Stirn gerunzelt, und langsam öffnet sich dabei sein Mund.

„Ach Gott“, sagt er dann, „na so was auch … na so ein Pech …“, hört wieder zu, ernst und gesammelt, wie auf der Suche nach einer guten Antwort. Aber offenbar findet er diese gute Antwort nicht. Das Bedauern in seinem Gesicht vertieft sich.

Im Telefon wird es still. Nur die Leitung summt. Heinrich Bradenkuhl überlegt. Er steht vor der knallheißen Wand, den Telefonhörer am schwitzenden Ohr, atmet laut und überlegt.

Von drinnen fragt das Fräulein: „Was gibt's denn? Vielleicht kann ich …“

„Sofort“, sagt Heinrich Bradenkuhl, und in die Muschel sagt er: „Pass auf, Hannes, im Augenblick weiß ich nichts. Aber ich werde mich kümmern. Ich rufe dich an. Ich werde was finden. Unbedingt.“

Heinrich Bradenkuhl gibt den Hörer zurück.

„Wir brauchen ein Fahrzeug.“

„Ein Fahrzeug?“ Das Fräulein steht mit runden Augen fragend da.

„Na ja doch“, sagt Heinrich Bradenkuhl. „Ein Auto, irgendwas.“ Er blickt das Fräulein ungeduldig an, bleibt vor der knallheißen Wand und wischt sich mit einem blaubedruckten Tuch immerfort den Nacken.

„Dieser Timm, dieser Junge – er muss schnellstens zur Fähre.“

„Aber ein Auto“, sagt das Fräulein, „woher denn?“

Heinrich Bradenkuhl guckt gequält. „Muss doch nicht, muss doch kein Auto sein. Irgendwas, irgendein Fahrzeug, Hauptsache schnell. Wir haben doch mindestens fünf Burschen hier mit einem Motorrad."

„Aber wer soll fahren?", fragt das Fräulein.

So was, denkt Heinrich Bradenkuhl. Wie kann man nur so töricht fragen?

Doch das Fräulein fragt weiter, unbeirrt.

„Haben wir denn Zeit, ich meine: überhaupt? Die Arbeit, die Termine. Jeder hat zu tun, mehr als genug. Eigentlich könnte keiner weg.

Heinrich Bradenkuhl guckt das Fräulein an. Die Termine, natürlich, das weiß er selber. Die Termine brennen. Die Ernte läuft. Die Maschinen werden gebraucht. Wer kann sich in solcher Zeit erlauben, eine Arbeitskraft einfach auf Tour zu schicken?

Das Fräulein guckt schweigend zurück, ruhig und sachlich, frisch und sauber in der weißen Leinenbluse. Das Fräulein hat recht, betrachtet man Arbeit und Termine. Doch am Leuchtturm wartet Timm.

„Auf jeden Fall", sagt Heinrich Bradenkuhl, „bleibt er mir nicht am Leuchtturm sitzen. Ihm ist alles in die Binsen gegangen. Seine ganze Freude. Was soll er denken, wenn keiner kommt, jetzt, wo er selber ein bisschen Hilfe braucht?"

Das Fräulein hört Heinrich Bradenkuhl an, ganz Ohr, jaja, und plötzlich hat das Fräulein einen glänzenden Einfall. „Die LPG!" Und gleich noch einmal: „Die LPG! Die LPG kann helfen. Besser als wir."

„Die LPG?" Heinrich Bradenkuhl nimmt die Brille ab, wischt sich Stirn, Gesicht und Augen, setzt die Brille wieder auf und sagt: „Falls aber nicht, falls niemand fährt, und zwar in der nächsten halben Stunde, schicke ich einen von uns. Erledigt."

Das sind die Worte von Heinrich Bradenkuhl, das ist auch seine Ab-

sicht, ehrlich und bestimmt, nichts dran zu rütteln. Trotzdem hofft Heinrich Bradenkuhl, es möge klappen mit der LPG.
Denn Arbeit und Termine, wer könnte schon einfach darüber hinweg?

So läutet das Telefon nunmehr im Büro der LPG Trempin.
Es läutet in dem Zimmer, gleich rechts neben der Eingangstür, wo früher die gute Stube der Krögers war. Jetzt gibt es dort einen Schreibtisch, schwarz gebeizt, dazu drei Rollschränke, birkenhell, und aus der früheren Zeit noch ein Sofa mit ungeheuer tiefen Sitzekuhlen.
Das Telefon läutet, und Paul Kröger guckt bärbeißig über den Tisch. Paul Kröger - Vater von Kalli und erster Mann der LPG - ist klein, rundlich und flink. Den Telefonhörer halb am Ohr, studiert er weiter

bedrucktes Papier, und manchmal nickt er, und manchmal brummt er: „Jaja, verstehe."

Doch tatsächlich versteht Paul Kröger nichts. Sein Kopf ist beschäftigt mit der Ernte, und sein Ärger gilt in diesem Augenblick Kalli, der draußen die Dorfstraße unsicher macht: auf und ab mit donnerndem Motor.

Wie sollte Paul Kröger noch Ohren haben für fremde Wünsche?

Er hebt seine Stimme und sagt: „Heinrich, ich dächte, du wüsstest, dass wir in der Ernte s-tehen. Und kommst mir mit einer S-pazierfahrt."

Nun prasseln von Heinrich Bradenkuhl die Worte, erklärend, beschwörend, doch Paul Kröger hört nicht zu, spielt an dem grauen Bürstenbärtchen, das sich unter seiner Nase sträubt.

Auf einmal fährt er hoch. „Bolzen? Hier ist niemand gewesen mit einem Bolzen."

„Wat?"

„Dieser Timm, hier ist er nicht gewesen mit dem Bolzen."

„Aber er muss", sagt Heinrich Bradenkuhl.

„Aber nicht bei mir", sagt Paul Kröger.

Draußen schießt Kalli vorbei, am Heck eine Fahne aus blauem Qualm. Der Motor heult wie ein Düsenjäger, und Paul Kröger schwillt die linke Schläfenader an.

„Nanu?", sagt Heinrich Bradenkuhl durchs Telefon. „Dann hast du den Bolzen also nicht bekommen?"

„Nein", sagt Paul Kröger. „Und du weißt, wir brauchten ihn dringend, wir können den großen Hänger hinter der Strohpresse sonst nicht fahren. Wenn der Junge den Bolzen nun verschusselt hat?"

„Hat er nicht", sagt Heinrich Bradenkuhl, aber heimlich wachsen ihm Zweifel.

Die Reise, die Fähre, Timm – die Männer haben vergessen, warum das Gespräch begonnen worden ist. Sie überlegen, jeder für sich, was mit dem Bolzen geschehen sein könnte, und Heinrich Bradenkuhl denkt still bei sich: Wenn der Bolzen nun bis zum Leuchtturm mitgefahren ist?

Aber davon ahnt Paul Kröger nichts.

Das Gespräch ist zu Ende, und Paul Kröger sitzt da und möchte wissen, wer den Bolzen hat. Jemand in der Nachbarschaft? Jemand auf dem Gemeindebüro? Warum überhaupt war das nötig? Musste der Bolzen einem Jungen anvertraut werden?

Paul Kröger fängt an, sich über Heinrich Bradenkuhl zu ärgern, und draußen donnert Kallis Motorrad. Das gibt den Rest. Paul Kröger verfärbt sich und springt mit einem Satz ans Fenster.

„Du Kerl, du Kerl! Scher dich zum Teufel!“

Kalli stoppt. Er hält eine Hand ans Ohr. Bitte noch einmal!

Paul Kröger droht ihm mit der Faust.

Und was macht Kalli jetzt?

Er wendet und gibt Gas, fährt auf das Haus und das Fenster, fährt genau auf seinen Vater zu. Dem fehlt es vor Zorn an Luft.

„Entschuldige“, sagt Kalli, „habe bloß was abzugeben.“

Paul Kröger sieht den Bolzen und reißt die Augen auf. „Also du! Und fährst damit s-pazieren.“

„Wieso?“, fragt Kalli, denn statt des Tadels hatte er ein Lob erwartet.

„Dass ich den Bolzen habe, ist doch ein reiner Glücksfall.“

„Ein Glücksfall“, sagt Paul Kröger, „wohl durch deine Bummelei?“

„Ich hab nicht gebummelt, ich habe protestiert!“

„So? Na, darüber reden wir noch. Eine Schande ...“

„Schande“, sagt Kalli. „Na wennschon. Mir egal. Jeden Tag bloß Befehle.“

Beide starren vor sich hin, einer dem andern böse. Kalli verharrt in seinem Trotz, doch der Vater bezwingt seine Bitterkeit. Er hatte sich geschworen, mit Kalli die nächsten Tage nicht mehr zu reden, aber nun, durch Timm und den Bolzen, ist eine Brücke gebaut. Paul Kröger sagt zu Kalli: „Warte noch.“

Kalli hebt mürrisch den Kopf.

„Nicht meinetwegen“, sagt sein Vater. „Aber vielleicht eine Bitte ...“

Kalli verdreht den Hals. Eine Bitte?

„Dieser Junge“, sagt sein Vater, „dieser Timm, der den Bolzen vom S-tützpunkt gebracht hat – also, es war eine Reise geplant. Aber nun hat der Junge das verpasst, durch den Bolzen, weil er ihn gewissenhaft besorgt hat.“

In Kallis Augen schleicht sich Argwohn. Auf was will der Vater hinaus?
„Dieser Timm", geht es weiter, „müsste zur Fähre, zur letzten, jetzt gleich. Was meinst du dazu?"
Kalli meint nichts. Er guckt seinen Vater still und nachdenklich an.
Paul Kröger sagt: „Du könntest die letzte Fähre schaffen, gut und gerne, mit deiner Maschine."
„Könnt ich", sagt Kalli.
„Dann mach es", sagt Paul Kröger.
„Aber es ist kein Katzensprung."
„Denk mal, wenn du so sitzen müsstest."
„Jaja, jaja." Aber Kalli hat keine Lust.
Paul Kröger mustert ihn stumm, ohne Vorwurf, einfach so, Kalli spürt den Blick. Er bewegt die Schultern, als würde ihm seine Lederjacke unbequem.
„Na los, du bist der Einzige", sagt sein Vater. „Fahre endlich ab."
„Und das Geld für den Sprit?"
Paul Kröger stutzt, dann greift er wortlos in die Hosentasche. Er blickt hinunter zu Kalli, diesmal enttäuscht, denn für kleinlich hätte er Kalli nicht gehalten. Rotzig und frech, das ja – aber kleinlich, besorgt um seine Groschen, das hätte er wirklich nicht von Kalli gedacht.
Paul Kröger ist enttäuscht, und Kalli, der ihn beobachtet, liest die Enttäuschung in seinem Gesicht. Er schämt sich nicht, doch er hat seinen Stolz, und die Frage nach dem Spritgeld wird ihm auf einmal unangenehm. Denn für kleinlich will Kalli von keinem gehalten werden. Erst recht nicht von seinem Vater. Er sagt: „Lass mal, ich habe selber. Gib mir lieber den Sturzhelm raus."

Im Wohnhaus am Fuße des Leuchtturms wartet Timm.

Paul Kröger hat Heinrich Bradenkuhl angerufen – und Heinrich Bradenkuhl hat den Leuchtturm angerufen. So wurde der Kreis geschlossen, eine Stunde nachdem der Vater um Hilfe für Timm gebeten hat.

Kalli wird kommen, Kalli ist schon unterwegs, und Timm läuft raus und rein und wartet.

Im Flur auf der Truhe steht sein Campingbeutel. Er steht dort seit heute Morgen, rot und weiß der gestreifte Stoff, rund und prall von der Mutter gepackt. Es wird nicht nötig sein, den Beutel wieder auszupacken. Denn Timm fährt mit nach Sundevit.

Wer hätte das noch gedacht?

Der späte Nachmittag blinkt über die Dünen. Das Meer wird tintenblau. Die Mutter behauptet, das sei der Abend. Sie ist dagegen, dass Timm noch fährt, so spät und allein und ausgerechnet mit Kalli.

Aber was sie auch sagt, keiner hört ihr mehr zu.

Der Vater raucht sein Pfeifchen.

Die Luft vorm Haus ist weich und mild. Der Wind hat nachgelassen, und irgendwo hinterm Leuchtturm grummelt die Brandung, als spiele sie Versteck.

Wo bleibt Kalli Kröger?

Der Vater sagt: „Jetzt möchte er wohl bald kommen."

Und die Mutter sagt: „Käme er nicht, es würde mich nicht wundern –"

Doch sie verstummt, nach einem Blick auf Timm. Was wiegt ihre Sorge gegen seine Freude? Er läuft umher, als säßen ihm Hummeln in der Hose.

Die Küste hinauf fliegt eine Kette wilder Schwäne. Ihr harter Flügelschlag pfeift durch den Himmel – geschwind, geschwind, der unbekannten Ferne zu.

Dann hört der Vater, hört die Mutter und hört Timm, dann hören sie alle drei das Motorrad, und Timm hopst wie ein Gummikasper in die Luft.

Kalli, Kalli – Kalli kommt!

Über die Hügel und schnell wie ein Blitz heran.

Signalrot der Sturzhelm, grün die betresste Jacke.

Der Motor laut wie eine Herde Rösser –

Die Mutter wird bleich, und der Vater hält den Atem an. Kann man Timm – kann man das verantworten?

Die Maschine rollt vor ihre Füße. Kalli bremst, er dreht die Zündung aus, und donnernd verhallt ein letzter Kanonenschlag.

Der Vater zwingt sich ein Lächeln ab. „Das knallt ganz hübsch."

Kalli bleckt die Zähne, freundlich, und höflich gibt er Timms Mutter die Hand. Sie beäugt das Motorrad.

„Ist das nicht zu schnell, wie du fährst?"

„Keine Bange."

„Aber wenn du Timm hinten drauf hast ..."

„... fahre ich langsam, langsam. Alles klar."

Kalli lächelt, und der Vater sagt: „Das ist nett, dass du Timm zur Fähre bringen willst. Deine Auslagen und so weiter ..."

„Jaja, schon gut", sagt Kalli. „Timm, steig auf."

„Und nicht zu schnell", ermahnt ihn noch einmal die Mutter.

„Alles klar", sagt Kalli. „Timm, leg mir die Arme um den Bauch. So. Und drück dich gegen meinen Rücken. So. Achtung!"

Timm lacht den Eltern zu, das Gesicht erhitzt von Erwartung und Glück.

Auf seinem Rücken sitzt der Campingbeutel, rot und weiß, rund und prall. Die Reise nach Sundevit beginnt. Sie beginnt auf dem weichen gewölbten Sattelkissen von Kallis Motorrad.

Der Vater sagt: „Gute Fahrt", und die Mutter sagt: „Schreib uns gleich von Sundevit." Dann küsst sie Timm auf die Wange.

Nun aber Tempo, denkt Timm.

Starten, Gas und die Kupplung los. Die Maschine macht einen Satz. Sand spritzt weg, und blauer Qualm steigt in die Landschaft.

„Mein Gott!", ruft die Mutter und ringt die Hände.

Aber Kalli, der Traktorist, kennt die Straße und sein Motorrad. Niemand braucht sich zu sorgen. Kalli fährt leicht und zügig, mit tänzelnden Schwüngen, und Timm hat das Gefühl zu fliegen. Sooft er an Kalli vorbeilugt, reißt ihm der Fahrtwind die Luft von den Lippen.

Die Maschine pfeffert dahin.

Ihre Schnelligkeit summt durch den Bauch.

Ihre federnden Räder fressen die Kilometer, und die Landschaft dreht sich vorbei.

Eine Wiese mit weißem Klee –

Ein Baum, vom Blitzschlag zerteilt –

Ein Feldstück mit Traktoren –

Timm fährt in sein großes Abenteuer. Zehnmal so schnell wie Kallis Maschine fliegen seine Gedanken. Voraus zu den Kindern, voraus nach Sundevit. –

Wo die Fähre am Strom liegt, stehen ein paar ziegelrote Häuser. Königskerzen leuchten hinter einem Lattenzaun, und der Strom schimmert sanft durch hohe Bäume.

Die Fähre gibt Platz für zwölf Personen und ein Auto. Aber noch ist ihre Bohlenrampe leer, und das grüne Motorenhäuschen ist verschlossen. Am niedergelegten Schlagbaum hängt ein Schild: Zutritt verboten!

„Bleibt denn noch so viel Zeit?“, fragt Timm.

„Fünfzehn Minuten“, sagt Kalli.

Sie vertreten sich die Beine, spucken ins Wasser, und Timm guckt zur anderen Seite hinüber, wo still und heiter das Fährdorf liegt. Die Uferböschung ist grün, die Entfernung nicht allzu weit. Timm erkennt die Häuser und jedes einzelne Fenster. Am Landesteg baden Kinder; ihr Stimmengekreisch gellt dünn bis hierher.

„Man müsste ein Fernglas haben“, sagt Timm. „Bestimmt sind die dabei, die auf mich warten.“

Aber Kalli hört nicht drauf. Kalli hat andere Sorgen.

Er schaut auf einmal zurück, ziemlich lange, schaut zu den Häusern hin, die stumme Schatten werfen, und schaut zur Fähre hin, auf der sich immer noch nichts rührt.

„Findest du nicht, dass es zu ruhig ist?“

Timm folgt den Blicken von Kalli, und er findet nun auch, dass es zu ruhig ist. Die Straße ohne Menschen, die Häuser wie im Schlaf, auf der Fähre bis jetzt kein Fährmann und kein einziger Gast.

„Da stimmt was nicht“, sagt Kalli. Er steckt zwei Finger in den Mund und pfeift.

Jetzt bellt ein Hund wie gebissen los.

Kalli pfeift noch einmal, und der Hund verliert vor lauter Eifer seine Stimme, er kann nur noch japsen und jaulen.

Aber nun, endlich:

In dem Haus, das am nächsten liegt, öffnet sich ein Fenster, und ein Mann mit kahlem Kopf und runden Robbenaugen guckt heraus.

„Was gibt’s? Wollt ihr noch rüber?“

„Wenn’s möglich wäre“, sagt Kalli.

„Heute nicht mehr!“

„Ich höre wohl nicht recht“, sagt Kalli.

„Doch“, sagt der Mann. „Die letzte Fähre war um sechs.“

„Seit wann denn das?“

„Seit heute, eben.“

„Seit heute?“

„Jawohl. Eben.“

„Ach nee, sieh an, seit heute. Eben. Macht ihr das, wie ihr lustig seid?“

„Nein“, sagt der Mann mit den Robbenaugen. „Aber du werd mal nicht frech. Mit deinem roten Helm. Ich bin dir keine Auskunft schuldig.“

Das Fenster schlägt zu, die Gardine wackelt.

Kalli schreit: „Wo gibt's denn so was? Das schreibe ich an die Zeitung."

Der Hund hat seine Stimme wieder, er bellt und bellt, laut und lauter.

Das Fenster fliegt noch einmal auf.

„Schreib nur an deine Zeitung. Es handelt sich um eine Verfügung, amtlich. Eine amtliche Verfügung. Schreib nur, von mir aus."

Fenster zu und Stille.

Auch der Hund lässt sich nicht mehr vernehmen.

Kalli haut sich wütend in die Hand. „Hast du Töne? Von heute auf morgen. Wie willst du nun rüber?"

Timm hat Mühe, die Frage von Kalli zu begreifen. Er kann nicht glauben, dass die Fähre nicht fahren soll.

„Aber Kalli, das gibt's doch gar nicht."

„Du wirst dich wundern. Irgendein Esel in der Stadt. Aber so was kommt nicht in Frage. Ich schreib's an die Zeitung. Na warte!"

Kalli blickt drohend auf das geschlossene Fenster. Timm steht reglos dabei. Er hat nichts von der Zeitung, im Augenblick jedenfalls nicht. Er nimmt den Campingbeutel von den Schultern, nur um etwas zu tun.

„Und wenn wir den Mann noch einmal fragen würden?"

„Fragen", sagt Kalli. „Den doch nicht." Er betrachtet Timm und den Campingbeutel. „Was willst du denn jetzt machen?"

„Weiß nicht", sagt Timm.

Drüben baden die Kinder. Ihre blanken Körper springen flink wie Fischchen. So nah, so nah und viel zu weit für Timm. Ohne die Fähre kommt er nicht hinüber.

Kalli tritt an sein Motorrad. Er rückt den Sturzhelm zurecht und sagt:
„Hier herumstehen hat keinen Zweck. Komm, steig auf."
„Und wohin?", fragt Timm.
„Nach Hause."
Timm sieht die letzte Hoffnung fahren. Das Ziel vor Augen, sieht er sich um alles betrogen, und der Schmerz darüber trifft ihn tiefer als die Enttäuschung am verlassenen Lagerplatz. Denn dies hier ist der Schluss. Wenn Timm mit Kalli zurückfährt, wird er die Kinder nicht wiedersehen, nie und nimmermehr wiedersehen.
Was kann er tun, was kann er tun?
„Na komm schon", sagt Kalli. „Hast eben Pech gehabt. Mich ärgert das noch mehr. Kannst du glauben."
Aber Timm steigt bei Kalli nicht auf. Er bleibt, wo er ist. Ein schneller Gedanke jagt durch seinen Kopf. „Kalli! Vielleicht ein Boot!"
„Ein Boot?"
„Du bringst mich rüber!"

Die Blicke von Timm saugen sich an Kalli fest, aber dem werden Mund und Augen steif. Mit einem Boot über den Strom? So weit geht die Liebe nicht.

„Nee“, sagt Kalli. „nee-nee. Das ist wohl zu viel verlangt.“

Er steigt auf sein Motorrad, startet aber noch nicht, sondern wendet plötzlich den Kopf, als habe ihn soeben ein guter Gedanke überrascht. „Komm mal. Mir fällt da was ein. Ich habe hier in der Nähe einen Kumpel. Kädenklaas.“

Sie fahren am Strom entlang, der sinkenden Sonne entgegen, und von weitem schon sieht Timm ein schwarzes Ungeheuer liegen. Das Ufer ist flach, mit Schilf und Silbergras bewachsen; das Ungeheuer ragt darüber hinweg. Es liegt auf dem Wasser am Rande des Stroms, klobig und schwer, riesenhaft groß wie eine Echse aus der Urzeit. Die rote Sonne berührt seine höchste Spitze.

Allmählich, beim Näherkommen, färbt sich der Leib des Ungeheuers grau, übersät mit rostigen Beulen, und deutlich sieht Timm die schräge Eimerkette, den verwinkelten Kommandostand und viele Leinen kreuz und quer. Vorn ist ein Name angemalt: Wolkenvogel. Dieser „Wolkenvogel“ ist das Ziel von Kalli.

Er fährt bis hart ans Wasser, stellt den Motor ab, und wie ein Schlag umfängt sie märchenhafte Stille. Denn der Seebagger „Wolkenvogel“ arbeitet nicht. Seine Eimerkette ruht. Ganz leise wimmert eine Mundharmonika.

„Das ist Kädenklaas“, sagt Kalli, „kannst du hören? Der hat noch nie was gerne gemacht. Bloß Mundharmonika.“

Aber nun ist das Spiel verstummt, und auf dem „Wolkenvogel“ erscheint ein Mann in einem schwarzen Turnhemd, die Schultern eckig, die Arme dünn.

„Höh, Kädenklaas“, ruft Kalli. „Komm is över.“

„Nanu, Kalli?“

Kädenklaas verschwindet. Man hört ihn poltern in einem Boot, und gleich darauf schießt das Boot hinter dem Bagger hervor. Kädenklaas treibt es dem Ufer zu, erfreut über den Besuch.

„Nanu, Kalli? Sieht man dich auch mal wieder?“

Das Boot schurrt gegen den winzigen Strand.

„Wie geht's denn?“, fragt Kalli. „Ihr arbeitet nicht?“

„Wir haben Wechsel“, sagt Kädenklaas. „Die neue Gäng kommt morgen früh.“

„Und du machst den Wächter.“

„Ja“, sagt Kädenklaas, „ich mache den Wächter.“

„Wie immer“, sagt Kalli. „Du warst schon immer ein faules Stück.“

Kädenklaas lacht. Ihm fehlen vorne zwei Zähne, und weil er so mager ist, gleicht er beim Lachen einer freundlichen Hexe.

Kalli nestelt an seinem Sturzhelm. Timm wartet ab, was geschehen soll. Er betrachtet das Boot, doch er wagt noch nicht, seine Bitte sofort zu wiederholen. Vielleicht fängt Kalli auch von selber an? Warum ist er sonst hierhergefahren?

Kädenklaas sagt: „Ein feines Maschinchen hast du da. Neu?“

„So ziemlich“, erwidert Kalli. „Aber verrate mir mal: Sind die andern mit dem Motorboot weg?“

Kädenklaas nickt, und Kalli sagt verdrossen: „Da haben wir's. Das Motorboot wäre die letzte Chance gewesen. Er hier, Timm vom Leuchtturm, wollte nämlich rüber.“

Kädenklaas sperrt den Mund auf. „Und die Fähre verpasst. Das kommt vor.“

„Quack. Nichts gewusst von der neuen Fährzeit.“

„Tscha. So was kommt auch vor.“

Kädenklaas lächelt und mustert Timm. Seine Augen sind grünlich und blinzeln ein wenig verschlafen. „Muss er denn rüber?“

„Sonst wär ich nicht hier“, sagt Kalli.

Und Timm, der bis jetzt geschwiegen hat, auf der Lauer nach einem günstigen Augenblick, fällt blitzschnell ein: „Ganz dringend muss ich rüber. Weil man mich erwartet. Eine Wandergruppe, achtzehn Mann, die ganze Gruppe steht drüben und wartet.“

Kädenklaas krault sich den Kopf. Dann sagt er zu Kalli: „Wenn es so dringend ist, wenn er wirklich muss – bring du ihn doch rüber.“

„Ich?“

„Ja", sagt Kädenklaas, „hier, mit meinem Boot."

„Über den Strom?"

„Warum nicht?", sagt Kädenklaas. „Ruhiges Wetter, und so weit ist es doch gar nicht."

Kalli leckt sich die Lippen. Das hatte er nun davon. Hilfsbereit, wie er war.

Kädenklaas lächelt. „Wir fahren die Strecke oft."

„Dann weiß ich was Besseres", sagt Kalli. „Bring du ihn rüber."

„Das geht nicht", sagt Kädenklaas. „Ich bin Wächter."

„Aber der Bagger liegt hoch und fest."

„Trotzdem", sagt Kädenklaas. „Ich bin Wächter."

Jetzt fängt Kalli an zu spotten. „Meine Güte. Was denn Wächter? Hast du Angst, jemand schleppt dir den Bagger weg?"

Kädenklaas bleibt ernst und wichtig. „Da spielt sich nichts ab. Ich bin Wächter."

„Zu faul, jaja", sagt Kalli.

„Oder du. Bist du nicht vielleicht zu faul?"

Kädenklaas grient, und Kalli grient mit, als wäre es zum Spaß, aber Timm beginnt zu fürchten um die nächsten Worte. Was soll geschehen, wenn Kalli und Kädenklaas in Streit geraten?

Gar nichts weiter wird geschehen. Kädenklaas wird sein Boot nicht geben, und alles wird aus sein für Timm.

„Kalli", sagt Timm, „Kalli!" Und er blickt ihn mit seinen großen grauen Augen unerbittlich an, flehend, fordernd und von ganzem Herzen bittend. „Dann bring mich doch rüber, Kalli –"

Kalli holt Luft, ganz tief. Er weiß keine Ausflucht mehr, keine, die jetzt noch anständig wäre. Er schnallt seinen Sturzhelm ab und sagt: „Mann o Mann, was habe ich mir mit dir bloß aufgeladen. Na los."

Erst mitten im Strom spricht Kalli wieder ein Wort zu Timm. Er lässt die langen Riemenhölzer ruhen und schätzt die Entfernung, die ihm noch zu rudern bleibt.

„Dieser Kädenklaas, das faule Stück. Von wegen nicht weit."

„Ich kann dich ablösen, Kalli."

„Ach du", sagt Kalli. „Ich möchte mal wissen, warum ich mich auf deinen Unsinn eingelassen habe. Das möchte ich wirklich mal wissen, wirklich."

Das Boot macht immer noch Fahrt. Es teilt den lautlos atmenden Wasserspiegel, und die Fahrtwellen schwätzen eilig vorbei. Am Ufer quarren Enten, die dort plätschern und tauchen. Der Abend wirft blaues Licht, und seine Stille trägt weit.

„Eh ich zurück bin", sagt Kalli, „wird es dunkel sein. Und für dich ge-

nauso. Was willst du noch im Fährdorf, wenn es dunkel ist? Am besten, wir kehren um."

„Wo wir gleich drüben sind?"

„Du machst mir Spaß", sagt Kalli.

Er rudert weiter, die Riemen Zug um Zug durchs Wasser, und das Boot pflügt eine rauschende Spur. Kalli sitzt mittschiffs, Timm sitzt achtern und steuert. Sie sehen sich an, und sie sehen aneinander vorbei.

„Nun will ich mal wissen", sagt Kalli, „warum, zum Teufel, hast du deine Leute verpasst?"

Timm überlegt. „Zuerst: wegen der Brille von Heinrich Bradenkuhl. Sie lag im Leuchtturm. Ich habe sie ihm gebracht."

Kalli zieht die Riemen durch. „Und dann?"

„Hat er mir den Bolzen gegeben."

„Den Bolzen. Und dann?"

„Kam eine alte Frau mit Tee. Den habe ich mitgenommen in die Felder."

„Und dann?", fragt Kalli. „Noch was vielleicht?"

„Dann bin ich gestürzt", sagt Timm.

Diesmal bleibt Kalli stumm. Er rudert und schweigt und macht sich seine Gedanken über Timm. Er begreift ihn nicht. Schließlich sagt Kalli: „Du bist vielleicht ein Schaf. Was hast du nun davon gehabt?"

Die Riemenhölzer krachen. Am Steven schäumt das Wasser hoch.

„Du siehst doch", sagt Kalli, „gar nichts hast du davon gehabt. Alles verpasst. Dir die Hacken abgerannt. Und jetzt? Hilft dir einer?"

Diesmal ist es umgekehrt: Timm begreift Kalli nicht. Er lächelt verblüfft. „Aber du zum Beispiel, Kalli –"

„Ich zähle nicht."

„Und Heinrich Bradenkuhl. Und dein Vater. Und Theo Brom –"

Die Riemen reißen das Boot voran, und das Ufer, dämmergrau, rückt nah. Kalli guckt auf Timm, rudert und schweigt und widerspricht ihm nicht. Doch er denkt: Komm du man erst in meine Jahre …

Als Timm dann oben auf der flachen Uferböschung steht, allein wie das Männlein im Walde, winkt Kalli ihn zurück. „Weißt du, wenn ich dich so sehe – und jetzt noch den Weg bis ins Fährdorf. Das kann ich nicht verantworten. Denkst du, da wartet noch jemand auf dich? Komm, steig wieder ein."

Aber Timm steigt nicht wieder ein.

Er trabt davon und trabt dahin, den roten und weißen Campingbeutel auf dem Rücken. Er trabt dahin, wie kleine Wölfe traben, die einer guten Spur durch Tage und Nächte folgen, unbeirrbar und nicht zu ermüden.

Er fühlt sich auch nicht allein. Denn hinter ihm, auf dem fahlen Wasser, schwimmt der Schatten von Kalli mit dem Boot. Und vor ihm, durch weiße Wiesennebel, glimmen die ersten Lichter.
Timm trabt den Lichtern entgegen, hoffend und bangend, in wachsender Freude, denn jedes der Lichter scheint ihn zu grüßen von den Kindern.
Das Gefühl, allein zu sein, kommt später.

Da liegt die Dunkelheit über dem Strom, und am Bollwerk im Fährdorf brennen die Lampen.

Timm hat die Kinder nicht gefunden.

Sie waren nicht da, als er ans Bollwerk kam. Er hat sie gesucht und hat nach ihnen gefragt: in der ersten, der zweiten, der dritten Straße – sogar bei der Polizei.

Nun ist er zurück, ohne Erfolg, und die Lampen leuchten über einem stillen Timm, der mitten auf dem Bollwerk steht, allein.

Das Fährdorf ist ein Urlaubsdorf. Saubere Häuschen, in Reihen gepflanzte Bäume, gepflasterte Wege, und vorn auf der Straße spazieren Sommergäste.

Einmal kommt ein Auto bis ans Bollwerk gefahren. Die Leute steigen aus, schnuppern die laue Luft, steigen wieder ein und fahren wieder ab. Benzindunst bleibt zurück.

Niemand schaut nach Timm.

Niemand fragt nach Timm.

Er bleibt allein und denkt: Es war alles umsonst.

Wenn Kalli das wüsste. Nur gut, dass Kalli ihn nicht so sehen kann –

Und die Mutter, die Mutter –

Bei diesem Gedanken spürt Timm ein kleines bisschen Heimweh. Doch zugleich besinnt er sich auf den mitgegebenen Proviant, packt ein Wurstbrot aus und beißt hinein. Essen ist immer gut, und die Mutter hat Bierschinken draufgelegt, den Timm am liebsten mag. Das Leben sieht gleich anders aus, nicht mehr so trostlos. Das Wurstbrot verscheucht die Verlassenheit.

Aber die Kinder – was werden sie denken?

Hermann - wo wird er jetzt sein?

Ob sie sehr lange gewartet haben?

Plötzlich schrickt Timm zusammen. Sein Mund kaut noch einmal rund, dann ruht er lauschend still.

Aus der Dunkelheit nähern sich Schritte, kräftig und schnell, nicht die Schritte von Kindern. Trotzdem klopft Timm das Herz. Denn Addi zum Beispiel ist kein Kind mehr.

Sollte es möglich sein?

Doch die Schritte gehören nicht Addi, und Timm kaut weiter, langsam und enttäuscht.

In den Lichtkreis der Lampen tritt ein Matrose. Der weiße Mützenteller überschattet das Gesicht. Die schwarzen Schuhe blitzen.

Der Matrose lehnt sich ans hölzerne Geländer. Erst pfeift er leise vor sich hin, dann summt er ein bisschen, dann fängt er an zu rauchen. Und jede Sekunde blickt er aufmerksam zur Straße.

Der Matrose wartet wie Timm.

Sie mustern sich beide, denn das Warten macht sie zu stummen Gefährten, und auf einmal fragt der Matrose: „Na, Seemann, schmeckt's?"

„Es geht", sagt Timm.

„Wer hat dich denn hier vergessen?"

Seine Stimme ist ruhig und tief, und Timm ist froh, dass er endlich einen hat, mit dem er reden kann.

„Ich sollte hier abgeholt werden. Aber die Fähre … Sie haben nicht zufällig Kinder gesehen? Eine Wandergruppe, Pioniere, mit einem blauen Wimpel."

Der Matrose schüttelt den Kopf. Er hat die Kinder nicht gesehen.

Timm sagt: „Ich bin zu spät gekommen. Sie haben hier auf mich gewartet. Aber ich bin zu spät gekommen."

„Zu spät", sagt der Matrose, „das gibt meistens Ärger."

„Bei mir", sagt Timm, „ist es schlimmer. Ich seh sie wahrscheinlich nicht wieder. Nie."

„Deine Gruppe? Das wollen wir doch nicht hoffen."

Der Matrose lächelt, als er das sagt, denn er weiß ja nicht, was für eine Gruppe das ist, wie und auf welche Weise Timm dazugehört.

Nachdem er es weiß, sagt der Matrose: „Da hast du aber Pech gehabt."

„Ja, das hab ich", sagt Timm.

„Und keine Ahnung, wo die Gruppe jetzt sein könnte?"

„Nein, keine", sagt Timm.

„Aber ein Quartier, eine Unterkunft hast du?"

„Erst mal nicht", sagt Timm.

„Und später?“

„Auch nicht.“

Der Matrose kommt zu Timm heran. Er ist groß wie Addi, nur schmaler und schlanker, ein Hecht, würde Timm sagen. Er hat eine straffe Haut, dunkelbraun, und einen kräftigen Mund.

„Du bist mir ein putziger Gast“, sagt der Matrose.

Aber jetzt klappern kurze, flotte Schritte durch die Dunkelheit, und der Matrose scheint Timm sofort zu vergessen. Er läuft dorthin, wo die Schritte klappern. Timm blickt ihm nach, und das Herz wird ihm schwer, er möchte rufen und möchte den Matrosen halten. Warum rennt er weg, ohne ein Wort?

Da taucht am Rande des letzten Lampenkreises ein Mädchen auf. Es könnte auch sein: eine junge Dame, so genau ist das nicht zu erkennen. Der Matrose bleibt vor ihr stehen, sie legt ihm einen Arm um den Hals, und jetzt küssen sie sich wohl. Timm starrt hinüber. Aber plötzlich guckt sich der Matrose um, und Timm reißt den Kopf zur Seite, weil er nicht auffallen will wie ein Gaffer. Doch aus den Augenwinkeln bemerkt er: der Matrose und die junge Dame kommen auf ihn zu.

Die junge Dame ist mehr ein Mädchen. Das wird klar für Timm, als sie ihn jetzt betrachtet, neugierig, neugierig, als wäre er vielleicht der Sandmann. Sie hat ein gebauschtes Kleid an, und Schuhe schneeweiß,

die Absätze bleistiftdünn. Der Matrose, den sie Edgar nennt, sagt „Nati“ zu ihr.

„Nati“, sagt er, „den Kleinen hier müssen wir erst mal wegbringen.“

„Ich heiße Timm“, sagt Timm.

„Also gut, Timm, gehen wir. Oder willst du noch länger hier stehen?“

Timm will nicht.

Mit Nati und Edgar marschiert er zur Straße, und eigentlich fühlt er sich dabei ganz wohl, keine Spur mehr von Verlassenheit, kein bisschen Traurigsein.

Vor dem Marinestützpunkt schweigt ein Posten.

Das Haus ist hoch und breit, glatt verputzt. Die untere Reihe der Fenster ist erleuchtet. Ein Gattertor verwehrt den Zutritt, und hinter dem Tor funkeln die ruhigen Augen eines pechschwarzen Schäferhundes.

„Keine Angst“, sagt der Matrose Edgar. Aber Timm schleicht trotzdem auf leisen Sohlen vorbei. Das Mädchen Nati bleibt lieber draußen bei dem Posten.

In der Wachstube, die Timm und Edgar betreten, gibt es keine Gewehre. An einem Tisch sitzt mutterseelenallein ein lesender Matrose. Sein Scheitel ist schnurgerade unterm Stehlampenlicht.

„Hallo, Henri“, sagt Edgar, „ich bringe dir einen Gast. Er sucht seine Gruppe. Vielleicht kannst du ihm helfen? Er heißt Timm.“

Der Matrose Henri wirft einen prüfenden Blick auf Timm, er lächelt dabei, und Timm lächelt zurück.

„Dann seht mal zu“, sagt Edgar. „Gute Ruh, Timm, denn du wirst ja bei uns schlafen.“ Er klopft ihm freundschaftlich auf die Schulter, und als er gegangen ist, fühlt sich Timm ein bisschen einsam; denn der Matrose Henri ist ihm noch fremd. Edgar war ihm schon vertraut.

Seinen Campingbeutel in der Hand, guckt Timm jetzt rundum durch den Raum. Da gibt es nicht viel zu sehen. Drei Bilder, drei Sessel, ein Radio und ein Telefon. Das ist wirklich nicht viel, denkt Timm. Eine Wachstube hatte er sich anders vorgestellt. Nicht kahl wie ein Wartezimmer.

„Setz dich doch“, sagt Henri.

Er legt einen Schreibblock zurecht und nimmt einen Bleistift zur Hand. Seine Finger sind zart, gar nicht wie von einem Matrosen, sein Gesicht ist blass, und er macht einen sehr korrekten Eindruck. Der blaue Marinekragen liegt ihm sauber auf den Schultern.

„Du suchst also deine Gruppe. Wie viel Mann?“

„Achtzehn“, sagt Timm.

„Jungen?“

„Auch Mädchen.“

„Wie alt?“

Timm überlegt. „Schon etwas älter.“

Der Matrose Henri mustert ihn schnell.

„Der Gruppenleiter?“

„Addi“, sagt Timm, „einsachtzig.“

„Sein voller Name?“

„Ich kenne nur Addi“, sagt Timm.

Der Matrose Henri mustert ihn wieder, diesmal länger.

„Wo kommt die Gruppe her?“

„Das weiß ich gar nicht“, sagt Timm.

Henri lässt seinen Bleistift ruhen.

„Das weißt du nicht? Aber es ist doch deine Gruppe.“

„Nein“, sagt Timm. „Ich gehöre bloß so dazu, mehr zufällig.“

„Wie ist das zu verstehen?“

„Ich komme von drüben“, sagt Timm. „Vom Leuchtturm.“

„Ach so", sagt Henri und blickt auf seine Notizen. „Vom Leuchtturm kommst du. Na gut." Er steht auf.

„Ich lasse das jetzt durchgeben. Bin gleich wieder da. Hast du Hunger?"

„Höchstens Durst", sagt Timm.

„Gut. Ich bringe dir was mit."

Timm bleibt allein und streckt die Beine aus. Er hat viel erlebt an diesem Tag, und zum erstenmal spürt er nun Ruhe, und alles, was ihn erregt hat, macht sich still davon. Ein seltsames Wohlsein macht ihn matt.

Der Sessel ist weich, und er wäre für Timm bequem genug zum Schlafen.

Aber noch wartet Timm auf Henri. Noch denkt er an die Kinder, noch

malt er sich aus, wie er sie mit Hilfe der Matrosen finden wird. Doch seine Müdigkeit dämpft die Freude. Nichts ist mehr laut, und das Herz behält seinen leisen Gang.
Sundevit, Sundevit –
Ohne es zu merken, schläft Timm in seinem Sessel ein.

Der Morgen schickt eine frische Brise über den Strom.
Das Wasser kabbelt, die Sonnenlichter tanzen, und vor dem Fenster, im kleinen Hafen des Stützpunkts, knattern die Wimpel der Barkassen.
Timm ist erwacht. Er liegt in einem doppelstöckigen Soldatenbett.
Was war gestern Abend?

Der Matrose Henri hat ihn aus dem Sessel geweckt, hat ihm Tee gegeben und seine Koje gezeigt, dies doppelstöckige Bett.

Timm liegt oben, noch tief vergraben unter dem blaugewürfelten Zeug. Er hat geschlafen wie ein Bär in seinem Winterloch.

Wie spät kann es sein?

Die Stube ist leer, alle Kojen sind verlassen, alle Decken sind sauber gefaltet.

Will ihn keiner wecken?

Timm weckt sich selber, stößt das Bettzeug zurück und hangelt zum Fußboden nieder. Dieser Tag hält viel für Timm bereit: alles oder nichts, und die Unruhe treibt ihn hinaus.

Er findet den Waschraum und lässt sich das eiskalte Wasser über Hals

und Schultern laufen, reibt sich die Haut dann trocken und rot, wie er es gewohnt ist von zu Hause. Sein Mut, seine Ausdauer, Freude und Erwartung kehren wieder. Der ganze Timm ist wie neugeboren bereit.

In der Wachstube trifft er den Matrosen Henri, und Henri ruft den Matrosen Edgar. Sie fragen Timm nach seinem Befinden, bringen ihm Frühstück: Brot, Butter, Wurst und süßen, heißen Milchkaffee – und sie sehen freundlich zu, wie Timm das Frühstück schmeckt.

Bis hierher ist alles gut.

Timm sitzt am Tisch, Henri und Edgar sitzen dabei. Sie tragen grauen Arbeitsdrillich. Der Scheitel von Henri ist schnurgerade, die Haut von Edgar ist frisch und straff.

Auch jetzt ist noch alles gut.

Aber Timm möchte wissen, was sich getan hat über Nacht.

Gibt es Nachricht von den Kindern?

Edgar und Henri schweigen.

Timm beobachtet sie verstohlen. Was haben die beiden, was ist los? Warum reden sie denn nicht?

Auf einmal sagt Edgar: „Wir haben mit deinem Vater gesprochen, Timm."

Timm verschluckt sich und fängt an zu husten.

„Gestern Abend, spät. Über Telefon. Er hat uns gesagt, dein Vater, du sollst nach Hause kommen, Timm."

„Nach Hause? Warum? Habt ihr die Kinder nicht gefunden?"

„Doch", sagt Edgar. „Sie sind in der Nähe von Pleenhagen."

Pleenhagen, denkt Timm, Pleenhagen. Wo liegt denn das, Pleenhagen?

Henri mag seine Gedanken erraten. Er beugt sich vor. „Fünfzehn Kilometer von hier. Fünfzehn!"

Und Edgar sagt: „Deine Hansels haben sich schön beeilt, findest du nicht? Ein bisschen sehr beeilt, wo sie dich doch mitnehmen wollten.“

Timm starrt auf die Tischplatte nieder. Er atmet kaum.

Fünfzehn Kilometer! Von hier bis Pleenhagen: fünfzehn Kilometer. Und die Kinder sind dort! Dann haben sie also, dann haben sie gar nicht erst auf ihn gewartet? Sind weitergezogen, sofort. Kann das möglich sein?

„Seit wann“, fragt Timm, „seit wann sind sie denn dort?“

„Seit gestern Abend, so gegen acht.“

Da war er mit Kalli noch auf dem Strom –

In Timm beginnt ein Karussell zu kreisen. Seit gestern Abend um acht sind sie schon dort, und er war mit Kalli noch auf dem Strom. Also haben sie nicht gewartet, überhaupt nicht, gar nicht, keinen Augenblick. Sind weitergezogen, sofort, von der Fähre runter und weitergezogen, ohne einen Gedanken an Timm.

Gibt es das noch einmal, so gemein?

Timm sieht Edgar und Henri wortlos an. Er tut ihnen leid, doch ganz wenig müssen sie auch lächeln. In ihren Gesichtern steht geschrieben: Du hast dir vielleicht was eingebildet, Timm.

Edgar sagt: „Fahre nach Hause. Morgen hast du's schon halb vergessen.“

Nie, denkt Timm, nie! Das vergesse ich nie!

Er nimmt den Kaffeetopf in seine beiden Hände und trinkt ihn schluckweise leer, drückt sein Gesicht hinein bis zu den Augen und möchte so trinken, lange –

Auf dem Weg zur Fähre blickt Timm nicht links und nicht rechts.

Stumm und wie taub trottet er durch den zwitschernden Morgen. Der Campingbeutel, rot und weiß, baumelt ihm an der linken Schulter.

Auf dem Bollwerk füttern die Sommergäste Möwen, und von den Pfählen springen Kinder splitterfasernackt ins Wasser. Die Fischer holen zum Teeren ihre Netze aus. Und der Tag ist klar wie ein Vogelschrei.

Nicht so für Timm.

Er steht am Geländer, abseits der Stelle, wo er gestern Abend gestanden hat, und wartet auf die Fähre.

Freude und Erwartung sind zerstoben.

Die allerletzte Hoffnung ist tot.

Brauchte ich bloß nicht nach Hause, denkt Timm.

Drüben legt die Fähre ab. Gedrungen und flach, kriecht sie vom Ufer fort, und Timm verfolgt sie mit bösen Augen. Eine langsam steigende Wut verdrängt seine Bitterkeit. Die Fähre ist schuld! Wäre sie gefahren, wer weiß – die Fähre, nur die Fähre ist schuld!

Dann blickt sich Timm noch einmal um. Er tut es wie jemand, der endgültig Abschied nehmen will. Er blickt sich um und erstarrt.

Hinter ihm steht Hermann!

Hermann! Rabenschwarzes Haar bis in die Stirn. Heiter und ruhig, lautlos feixend steht er da, wie gestern früh im Heideland an der hohen Düne.

Aber jetzt macht Hermann einen Panthersatz, springt zu auf Timm und haut ihm beide Hände auf die Schultern.

„Hermann!", schreit Timm. „Wo kommst du her, wo kommst du bloß her?"

Sie strahlen sich an und schreien sich an, und die Sommergäste halten erschrocken die Köpfe schief.

„Hermann", sagt Timm. „Du Dussel, gleich wäre ich abgefahren. Wo kommst du bloß her?"

„Von den Matrosen“, sagt Hermann, „und los jetzt, rennen, das Gemüseauto wartet.“

„Von den Matrosen, wer hat dir das gesagt?“

„Dein Vater. Ich hab mit ihm telefoniert. Und wenn ich dich finde, sagt er, sollst du mit. Und gestern, das war ein Unglück.“

„Aber“, schreit Timm, „ihr wart schon um acht in Pleenhagen. Wie denn so schnell?“

„Das Gemüseauto. Hat uns mitgenommen. Los jetzt, rennen. Sonst können wir wandern. Fünfzehn Kilometer.“

Aber Timm ist noch nicht fertig.